U0488529

16岁牛津女孩

妈妈做对了什么？

李丹歌◎著

辽宁美术出版社

图书在版编目（CIP）数据

16岁牛津女孩：妈妈做对了什么？/李丹歌著．—沈阳：辽宁美术出版社，2022.5

ISBN 978-7-5314-9198-9

Ⅰ．①1… Ⅱ．①李… Ⅲ．①家庭教育 Ⅳ．①G782

中国版本图书馆CIP数据核字（2022）第063305号

出 版 者：辽宁美术出版社
地　　址：沈阳市和平区民族北街29号　邮编：110001
发 行 者：辽宁美术出版社
印 刷 者：辽宁新华印务有限公司
开　　本：880mm×1230mm　1/32
印　　张：9
字　　数：180千字
出版时间：2022年5月第1版
印刷时间：2022年5月第1次印刷
责任编辑：孙郡阳　梁晓蛟
装帧设计：马婧莎
责任校对：郝　刚
书　　号：ISBN 978-7-5314-9198-9

定　　价：45.00元

邮购部电话：024-83833008
E-mail：lnmscbs@163.com
http://www.lnmscbs.cn
图书如有印装质量问题请与出版部联系调换
出版部电话：024-23835227

前　言

2021 年 10 月的一天，默其初中班主任打来电话，询问我是否保留初中时每周反馈的信函。她说当老师近 20 年，像我这样写反馈的家长从没遇到过，当时读就很有触动，现在自己孩子读初中了，更加感到这些信件的可贵；希望可以用来进行自我学习，同时也要分享给其他家长。

我从电脑里将反馈信整理好发给老师，也利用一个下午重读了全部内容。从孩子小升初调转学校到如今准备行囊走进牛津大学，过程中的一幕幕鲜活起来。重读这些信件，仿佛阅读默其的初中时光。似乎已经尘封的记忆，就这样被激活：默其初入学时对别人的崇拜、第一次月考后的沮丧、冲进前三的激动、被老师批评的尴尬、制作公众号的投入、举办画展的激动、出版图书的欣喜……当然，也有我每周接送的路上闲谈、学习情绪管理后的反思、想办法对困境中的她进行引导……这些信件真实记录了我的心路历程和默其的成长道路。普通孩子如何成绩逆袭？用心妈妈怎样耐心引导？怎样与初中生进行深度交流？这些信函不就是最生动的教育范例吗？认识到这一点时，忽然觉得这些资料无比珍贵。

10 月是国外大学的申请季，准备文书是一个客观认识自我的过程。梳理默其的成果，拿得出手的是出版过《蓝迪的朋友圈》(《小鸟蓝迪》)、

《小兽》、《梦见兔子》、《志怪园》四本小说，以及 A-Level 课程（英国大学入学考试课程）四科 A⁺ 的成绩单，还有其他一些活动证明。很多人认为写小说和学工程（默其有意向申请工程专业）之间没有关系，对申请重视学术能力的英国大学帮助不大。

默其也很困惑，我和她进行了一次深度交流，换个视角对成绩和成果进行解读：一是小说是用文字、绘画构筑的系统工程，每部作品都体现出深入系统、细致的工程思维；二是五年时间出版四本小说，证明了其充沛的创作能力，更凸显出爱好之爱、特长之长；三是风格迥异的四部作品，体现出其强大的想象力、创造力和表达力；四是一边创作一边拿到高分，彰显出其卓越高效的学习能力。工程思维、学习能力、创造能力，这是任何专业学习都需要具备的基础，具有这些良好品质的人学什么都更有后劲。用成果体现能力，远远比竞赛奖牌更有含金量。这些想法也得到了指导老师认可，默其很快用最真实的自我呈现，交上一份独具特色的申请文书。

等待录取的日子只有体验过的人才知道。默其主动找了美术班去提升绘画基础，我则开始构思整理，系统输出父母如何在生活中引导孩子进行阅读和写作。专注做事时的心流状态，填补了等待结果的焦灼。在构思过程中，我又重读了默其的四本小说。

《蓝迪的朋友圈》非常有趣，孩子特有的想象力让故事充满了张力，作品虽有许多不足，但一点儿不妨碍小朋友们喜欢这本书。《小兽》的主角有点儿叛逆，在历经坎坷后终于理解了默默保护自己的母亲，很符合刚上初一时默其的心理特点。网上有个读者留言说：孩子读完《小兽》后第一次对我说："妈妈，我爱你。"《梦见兔子》是带有自传性质的作品，贯穿十年的梦境里有孩子的诚信、勇气与坚持。当其他初三的孩子备战中考之际，因学制而不必参加中考的她，利用预习高中课程的业余时间画了几十幅插画，平衡着学业和爱好的关系，这不充分证明了能力和水平吗？在初三毕业后的暑假开始创作的《志怪园》中，"我"被一所充满神秘气息的学校录取，经历了从恐惧、好奇、探索到接受的过程。这与默其的高中选择不谋而合。默其在高中开学前了解到英国高中课程体系，并且在全家充分讨论之后很快做出了接受新挑战的决定。

从专业角度去看，四本小说的艺术性乏善可陈。从成长的视角去分析，四本小说是11~16岁孩子的精神之旅：11岁时无拘无束，13岁时叛逆张扬；初中阶段坚守目标，高中开始对多样的世界理解和接纳。书中的插画都是默其独立完成的，《梦见兔子》中的插画有线描到水粉的类型转换，《志怪园》则是满满的二次元漫画风。四本图书真实呈现出没有中高考压力孩子的状态。我时常反思：默其如果按部就班上学，是否会考上清华、北大呢？虽然不同选择的结果未知，但有一点是肯定的，默其已经拥有了较为全面的生活和学习能力，在哪儿都会交出令人满意的答卷。

默其的成长道路是非典型样本。她小学就读的辽宁省实验学校是九年一贯制学校，小学部特别重视阅读，教育理念非常先进。当时，默其拥有大量课余阅读时间，体验到了学习的快乐。默其初中选择了中学六年制的东北育才外国语学校，一是因为当时父母工作忙，二是认为没有中考压力的初中教学更合理，三是日本留学方向（该校特色）也是不错的选择。我们没有后悔选择这所学校，初中三年培养了孩子许多优良品质，还使其英语、日语能力获得巨大提升。

默其在申请国外的大学时，没有竞赛、活动、学术探究的加持，但顺利通过了牛津大学的文书审查、物理能力测试（Physics Aptitude Test，简称“PAT”）加试、面试，最终被牛津大学录取。这看起来不可思议，十分幸运。但仔细想来，一切都在情理之中。面对录取后来自各方的问询，我将 12 月底基本创作完成的《妈妈的阅读写作家庭课》调整为《16 岁牛津女孩：妈妈做对了什么？》。概括来讲，我觉得自己和先生在孩子的成长过程中做对了下面这几件事。

一是从小重视阅读。没有大量阅读不可能进行文学创作，没有阅读基础孩子也不可能在高中学习游刃有余。阅读对智力开发、学习能力提升、习惯养成、情商打造等具有潜移默化的影响。我非常重视阅读引导，强调阅读即生活，生活即阅读。本书的第二、第三部分重点分享了实操经验。

二是去除功利心。成长是一个自然而然的过程，家长只需做坚定的守护者和陪伴者。强烈的功利心让学习变成了只以结果论英雄的单一评判事件，完全忽视了过程中的乐趣。在等待申请结果的过程中，我对默其说：“无论去到哪里读书，你都是我的孩子。你只要享受学习的快乐，一切美好都会发生。”即便如今被牛津大学录取，这也只是对过去成长的阶段性认可；过于看重这个结果时，很多美好都被忽视了。

三是允许、认可。父母关注孩子哪里，孩子就在哪里成长。天天盯着缺点，缺点会被放大，甚至会掩盖优点。我们放大了默其写作、绘画的优点，顺势培养出高效、自律等其他品质。我们停止了补齐音乐短板的执念，才有了孩子健康快乐的童年。允许和认可是对孩子的全然接纳，如他所是，才会如我所愿。

这本书是我的家庭教育经验分享。我不是专家，也不是学者，只是抱定终生学习理念的母亲。在写作这本书稿时，我对过往的教育有很多反思总结；阅读这部书稿时，我深深认识到自己还有许多需要提高的地方。期待在这本书里，你能看到我的成长，并愿意像我一样努力做个好家长；期待在第二本书里，我会遇到更好的自己，你也能够笑着说，你已经遇到了更为美好的自己。

李丹歌

2022 年 1 月 23 日

目录

CONTENTS

父母怎样做才能走进孩子的内心呢？

我认为，父母和孩子的实际年龄差不可改变，但父母可以调整自身心理年龄，以孩子的视角去理解孩子，抱着比孩子大两三岁的心态去相处，就能在心理上接受和理解孩子，也能够在行为上指导和帮助孩子。

第一章

观 念 篇

感谢孩子来到身边，允许我陪伴她一点点长大，让我又经历了一次完整的童年，成为一个更懂得感恩、更珍惜生命、更热爱生活、更活在当下的人。

我是第一次当母亲，“认认真真”地犯过很多错误。这些错误都是成长的动力，让我在不断前行中发现更美好的自己。

孩子内心深处无限忠诚于父母，会包容父母的所有不足，也会发出提醒父母成长的信号。父母用成长成全孩子，其实更是在成全自己。

语言具有神奇的力量，孩子最终长成父母口中的样子。会说话不代表会好好说话，好好说话是每个人一生需要修炼的主题。

对孩子好好说话的前提是平等、尊重、自由、接纳。家是孩子的生命花园。

孩子的言谈举止反映的是家庭文化。鸡窝里出来金凤凰的概率很低，父母生活的姿态，就是孩子生命的状态。

每个人都很普通，每个人也都可以成为传奇。生命的故事贵在知行合一，持之以恒。比如，阅读，每天坚持，必定与众不同。

父母做好自己，孩子顺其自然。言传身教的力量，大过名校、名师的影响。

第一节
孩子用“出问题”提醒父母

不久，我就发现孩子的眼里有了久违的亮光。从那以后，孩子再也没有说过头疼。当然，我也不断反思，开始走上了家庭教育学习之路。

默其读小学三年级时，经常回家说头疼，不想上学。起初，我并没有太注意，以为就是头天晚上没睡好，或者是小孩子瞎胡闹。后来孩子和我说，每到下午，头就像戴了紧箍咒一样，有时会像闷在葫芦里，特别难受。我带着孩子到几家大医院进行检查，甚至做了核磁共振；除了说孩子有轻微额窦炎之外，没有任何器质性病变。医生说引起头疼的因素有上百种，还需要观察后再查找原因。抱着不找出问题不罢休的态度，我又带着孩子到耳鼻喉科深入检查。经验丰富的老主任问了孩子几个问题，让孩子闭上眼睛。老主任对我说:“孩子身体没啥大问题，就是有点儿精神紧张。”我十分嘴硬地问道:“小孩子能有啥精神紧张啊!”老主任笑了笑，告诉我眼球震颤是检查紧张程度的一个标准。他让孩子闭上眼睛，我看到孩子的眼球在发颤。那一瞬间，我泪流满面——我看到了自己内心中不愿面对的事实。

我是一个五音不全的人，音乐始终是短板，上学的时候曾经因为视唱练耳课上听不出音高区别和严重跑调被同学嘲笑，也因为到 KTV 唱不出一首完整的歌感到无限悲伤。从遗传学角度讲，我自认为孩子的音乐天赋不高。为了避免孩子长大遭遇我的尴尬，我就想让她学习钢琴。从正式开始钢琴学习起，我就按照老师要求，每天陪练一小时。孩子的钢琴进步速度非常快，但我们之间的矛盾也越来越明显。在练琴的过程中，孩子会有各种各样的问题，我动用了恐吓、威胁、打骂、诱骗等手段，不管过程和效果如何，要求她必须坚持练琴一个小时。可以说，练琴时是最痛苦的时刻。

除了练习钢琴，孩子还要求美术、舞蹈、书法、乒乓球等各种各样的兴趣班，最高峰时一周有 14 个小时的课外学习。我像一只愤怒的陀螺，每天带着孩子游走在各个学习班之间，回家以后再陪着她练琴一小时、诵读半小时。当时我的工作压力也很大，看孩子也像检查工作一样，用大人的标准去要求她。孩子一耍赖，我就批评她“不懂事”。看着孩子不开心的模样，有时我会想，是不是压力太大。但很快有另一个声音对我说：很多孩子比她学得还多。就这样，我始终不能反思自己的教育方法，不敢面对孩子压力大的事实。

老主任的话给我敲响了警钟——那该如何减轻孩子压力呢？

我和孩子商量暂时中止练琴，每天进行户外运动一小时。

记得第一天到户外玩儿，我们去喊同住一个小区的她的同学。那个同学的妈妈非常惊讶："怎么突然想起来让孩子玩儿了？"孩子们在小区里自由地玩耍，傻笑不断。不久，我就发现孩子的眼里有了久违的亮光。从那以后，孩子再也没有说过头疼。当然，我也不断反思，开始走上了家庭教育学习之路。

1. 孩子的提醒无处不在

在孩子头疼之前，我和孩子的关系已经十分僵硬。我以高高在上、唯我独尊的架势面对孩子，从来没考虑过孩子的感受和需要。孩子面对我的高压，刚开始是祈求、哭闹，慢慢演变成磨蹭、拖延，最后心理的不适应反应到了肉体上，她开始头疼难受。如果在孩子头疼时，我没有遇到那位老医生，而是坚持给她看病吃药，继续坚持过往的教育方式，后果真的不堪设想。生活中这样的事例很多，比如父母吵架闹冷战时，孩子会出现生病、发脾气等状况，这时家长就把关注点从自己的情绪转移到孩子身上，从而缓和了夫妻之间的关系。再比如，孩子出现身体问题往往是情绪积压到一定程度的反应，如果得不到关注，孩子可能会觉得不被重视，容易变得叛逆、不好管，也可能变得冷漠、没热情。

所以，当孩子用自己的方式提醒家长时，我们只有用心才能接收到“信号”，这样可以防止“提醒”慢慢地成为所谓的“问题”。

2. 父母成长是送给孩子最好的礼物

我在初中毕业时考取了师范学校，因为成绩优异，毕业时又保送到师范大学继续深造。读书期间我办过补习班、讲过大班课，自以为很懂教育学。家里人也信任我的教育背景，在孩子教育方面理所当然是“我说了算”。可惜的是，说别人条条是道，到自己当家长时还是手忙脚乱、心慌意乱，根本不知道如何带孩子，要培养一个什么样的孩子。和所有新手父母一样，我带着父辈教育的印记，效仿着身边人的成功经验，接受着各种教育理念的冲击，懵懵懂懂地走在家庭教育的路上。幸运的是，有些做法非常正确。比如重视早期阅读，孩子五岁时已经能够独立阅读了，并且兴趣浓厚；带着孩子探索自然，孩子的运动能力和户外生存能力非常强大。当然，错误的做法也有不少，比如我没有把她当成平等的个体去对待，喜欢讲道理，说话都是命令、指责；很少考虑孩子的情绪，常常说“不许哭，憋回去”“不懂事，太烦人”等。走上家庭教育学习道路后，我逐渐认识到自身存在的问题，也在不断成长过程中收获了许多惊喜。

很多家长会说:“我的孩子都挺大了，我现在学习还来得及吗?”答案是肯定的，亲子关系永远不会改变，要想孩子有所改变，父母必须调整改变。

孩子小的时候家长就学习家庭教育，那是最好的。当然孩子大了家长再开始学习，也是值得祝贺的事情。父母成长永远是送给孩子最好的礼物。

3. 健康快乐是家庭幸福的重要指标

孩子头疼之前，我的生活中充满了火药味。我常常抱怨，家里不缺吃、不缺喝，为什么就缺少欢乐。我认定孩子是各种麻烦的根源，她让我操心费力得不到休息。当孩子的表现不称我意时，自己的坏脾气一点就爆，家庭气氛便陷入紧张之中。后来，我慢慢调整情绪，把伸向外面的指责之手收回来，从自身找原因，换个角度看问题。比如孩子偶尔早晨赖床，我不再心急火燎地训斥她，而是听一听她的心声。当她把自己的理由讲完了，上学路上她会走得比谁都快。我会认真表扬她:“你是一个上学不迟到的好孩子。”“头疼风波”给我的家庭带来了改变，我们家的氛围越来

越好，我和孩子的关系也越来越融洽，以至于孩子觉得她是世界上最幸福的孩子。

不仅如此，孩子再也没有去过医院，连感冒、发烧都很少发生。孩子身心健康，家长也会非常轻松自在。每个人都做自己该做的事情，每个人都在自己的领域里努力，这多幸福哇！

每年年底，我们一家人都要在一起分享一年的收获，制订下一年的目标，共同见证孩子的成长、爸爸的荣誉、妈妈的成绩。这不仅让孩子感受到来自父母和家庭的力量，还让孩子在积极向上的氛围中充满自信和阳光。

第二节

父母需要终身学习

从来没有让当父母的考取资格证的要求，也很少有针对如何当父母而进行的系统培训。大家都在孩子出生后自动拥有了父母的身份，开始履行父母的职责，这是不是一件值得思考的事情呢？

众所周知，很多行业都需要持证上岗。在中国，职业资格证书种类繁多，在孩子成长过程中，我们很多人聘用过育婴师、按摩师、整理师、营养师、保健师、厨师、司机等。我们在接触这类人员时，往往会询问其是否经过专业培训，是否有职业资格证书。可细想一下，父母是将这些职业技能融于一身的全能型人才，但从来没有政府、机构要求当父母要考取资格证，也很少有针对如何当父母而进行的系统培训。大家都在孩子出生后自动拥有了父母的身份，开始履行父母的职责，这是不是一件值得思考的事情呢?

我在三十岁当上了母亲。虽然我受过高等教育，具有教师资格证，怀孕时看了一些育儿书，但真正面对小婴孩儿的时候还是无所适从。记得我剖宫产后奶水很少，医院按时按量给孩子提供奶粉。孩子整夜啼哭，医生检查说没有毛病，同病房的人说这可真是个闹孩子，疲惫的家人难以招架，不得不临时雇了育婴师。四天出院后回到家，孩子的哭声惊动了楼上阿姨，她随口说:“孩子吃饱了，舒服了，哪儿还有哭的道理?”一语点醒梦中人。是不是孩子吃不饱呢?我们尝试着多兑了十克奶粉，小家伙咕嘟咕嘟喝光了，那一觉睡得特别香甜。孩子吃饱了，舒服了，情感满足了，怎么还会哭闹呢?这件事让我感受到，孩子不能完全照书养，也不能完全听信他人。

道理懂了，但也会经常犯糊涂。不照书本养孩子，那怎样养才是正确、科学的方法呢？听父母的，父母一代的育儿理念、育儿环境与现在完全不同；听朋友的，别人的方法不一定适合自家，不同人会有不同说法；听媒体的，商业驱动下的新名词不断涌现，有多少经过科学验证呢？资讯发达的时代，我们很容易被各种教育理念弄得不知所措，用某个个体的成功经验来影响大众，本身就容易产生误导。包括我自己。很多人经常会向我请教育儿经验，我都会强调这只是一家之言，仅供参考。我在写这本书时，尽量回避个体的做法，选择普遍的、科学的、实用的内容，结合观察和实践分享出来。

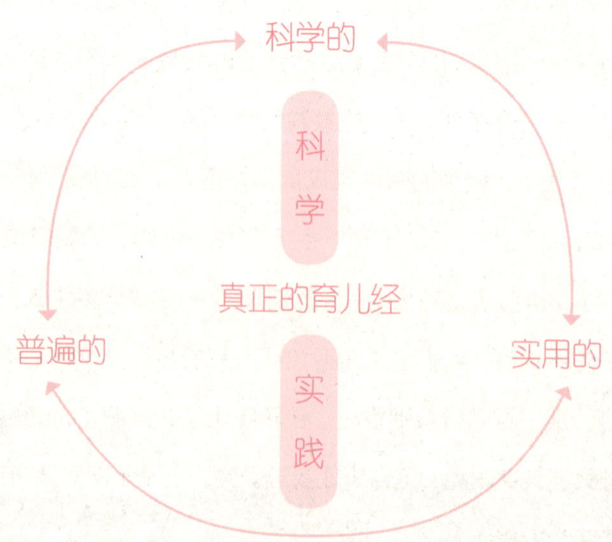

观察身边的家庭发现，很多父母还没有掌握育儿的基本技能，自己的生活方式也不够健康。比如，不喜欢做饭，买半成品，还经常带着孩子吃外卖；在照顾孩子日常生活方面，让老人在孩子成长中充当重要角色；不重视与孩子的沟通时机和方法，自己看着手机却让孩子去学习等。这些现象背后的真相是，父母内心还是孩子，没有真正承担起父母的职责，践行养育孩子的主体责任。我认为，父母和孩子的实际年龄差不可改变，但父母可以调整自身心理年龄，以孩子的视角去理解孩子，抱着比孩子大两三岁的心态去相处，就能在心理上接受和理解孩子，也能够在行为上指导和帮助孩子。这种观念的背后是亲子地位的平等。

1. 用孩子心理理解孩子

父母觉得带孩子好难，那是没有理解孩子的心理特点。孩子天生爱父母，没有一点儿坏心思。父母懂得孩子，站在孩子的角度看待问题时，问题都显得非常有趣。比如：抱在怀里的孩子很喜欢将手里的东西扔到地上。孩子不是故意在搞破坏，而是在扔东西过程中建立物我分离的概念，体会到掌控物体的成就感，观察物体掉到地上的状态，也会在周围人的反馈中明白一些道理。当我们明白孩子为什么这样做，就会配合孩子一起玩儿把东西扔到地上、把物品投向远方等游戏，而不会给孩子下命令：这样做不可以！或者给孩子贴上“捣蛋鬼”的标签。父母要了解儿童不同成长阶段的身体和心理发育特点，这些知识现学现卖会比较仓促，最好是提前两三年掌握。比如，四五岁开始亲子阅读，为进入小学做准备；小学五六年级进行独立学习能力训练，进入初中才不会手忙脚乱；初一时家长了解青春期孩子心理特点和应对措施，在孩子连续说“不”的时候就知道该怎么办了。

2. 用兄长身份陪伴孩子

随着社会环境改变，很多孩子在成长中没有适龄玩伴，也不愿意和大人一起玩儿，通常表现是宅在家中和手机做伴，这是让众多家庭困惑的问题。要想改变这个现状，一个方法是积极在社区中寻找能够一起玩儿的志同道合的小伙伴，另一个方法就是家长要用兄长的身份陪孩子一起玩耍。很多父母发现，小孩儿喜欢和大一点儿的哥哥姐姐一起玩儿。这是因为孩子在和大孩子玩耍中能够增长技能，使玩法升级。

家长要在生活中充当孩子的大哥哥、大姐姐，主动和孩子玩儿在一起。在玩耍中既给孩子足够的保护，又要让孩子感到放松、有趣。

当然，一个会玩儿、爱玩儿的家长，慢慢会吸引很多孩子到身边来。当一起玩儿的孩子足够多的时候，家长就轻松自在了。

3. 用朋友身份引导孩子

父母养育孩子，绝不代表父母可以控制孩子。很多父母以爱的名义控制孩子。控制越多，孩子压抑的情绪越大，随着年龄增长，可能出现自闭抑郁或叛逆躁狂两种反常状态。在我的咨询中，很多家长说：孩子小学时特别乖、特别听话，怎么到了初二就像变了一个人似的，完全不听话了呢？这种现象很可能是因为父母没有随着孩子成长而成长，还用教小孩儿的一套老办法对付长大的孩子。小孩子离开大人无法生存，内心深处绝对服从父母，他们认为父母是对的；孩子进入初中以后，渐渐开始向独立自主方向过渡，在思想、行动上会出现与大人意见不统一之处，父母的命令、恐吓渐渐失效，不听话只是孩子长大的一种表现而已。成年人更不喜欢父母的唠叨，只是能够控制情绪不去伤害老人罢了。父母要随着孩子的成长来不断调整教养方式，由绝对保护到逐渐放手，像朋友一样和孩子相处，孩子就乐于和父母分享成长中的酸甜苦辣了。

在默其读初中之后，我大量阅读家庭教育类、心理类图书。在不断学习中，我反思过往的教育得失，更注重当下和孩子的互动。尽管我做好了应对青春期的准备，但孩子的青春期毫无波澜。青春期和更年期都是人成长中的必经阶段，每个时期都应该平静度过。

> 不平静的青春期恰恰是在提醒父母，需要学习成长了。父母和孩子共同成长，是提升家庭幸福指数的有效方式。

关于家长的成长学习，大家会有很多疑问，比如学什么、怎么学等。每个人的生活、工作环境和专业领域完全不同，但学习一些心理学、教育学非常必要。在网络化时代，信息资源空前丰富，家长只要愿意学习，都会寻找到适合自己成长的路径。当然，在孩子求学阶段，我非常建议家长朋友们选择传统的纸质阅读。大家可以关注“人青家学堂”公众号，那里为大家学习成长提供了丰富的资源。

第三节 阅读是亲子间最好的媒介

我从小就相信读书可以改变命运，也的确因读书走出乡村，拥有一份稳定的工作。和多数孩子一样，默其进入初中以后，课外阅读量明显减少。但小时候的阅读功底，给她打下了扎实的学习基本功，她思维活跃、学习专注、理解能力强。

我研究生毕业后，在媒体管理部门工作。我接触到很多出版人，发现他们的孩子都比较优秀；参加过一些书展，对全国图书市场有所了解；掌握省内出版情况，对图书产品的整体质量非常清楚。工作与图书打交道，生活中自然不缺少好书读。仅看省内出版的图书无法满足阅读实际需要，我基本上每个季度都要单独采购一批图书。阅读像一日三餐一样，是家庭成员必不可少的日常活动。

我从小就相信读书可以改变命运，也的确因读书走出乡村，拥有一份稳定的工作。孩子爸爸也是读书改变命运的典型，从内蒙古农村考取了中专，中专毕业后在工作岗位上参加成人自学考试，然后考取了硕士和博士。默其出生时，爸爸还在吉林大学读博士。家里浓厚的读书氛围、自然而然的读书状态对孩子影响非常深远。

我家最多的物品就是图书。孩子的读书角堪比小型图书馆。我们源源不断地为孩子提供适合她的年龄的不同类别的好书，同时也把阅读后的图书借给社区的小伙伴。到我家的小朋友，很少有打闹的情况，用不了几分钟就会找个地方捧着书读。看着孩子们安静地读书，我经常会质疑很多家长的说法：“我家孩子不爱看书。”孩子不爱看书，一是书不是他喜欢的，二是他没有读书的心情。

默其是一个超级喜欢阅读的孩子。在学前阅读启蒙阶段，主要以阅读国内外优质绘本为主。亲子绘本阅读是陪伴孩子最美好的时光，和她一起欣赏精美有趣的绘画，品味蕴含哲理的故事，探讨阅读中的感受，不仅孩子受益终身，也让我重温童年，弥补了童年缺失。值得欣喜的是，孩子在大量的绘本阅读中，开阔了眼界，提升了美感，认识了很多汉字。没有经过识字训练的默其，在六岁时已经能够独立阅读了。

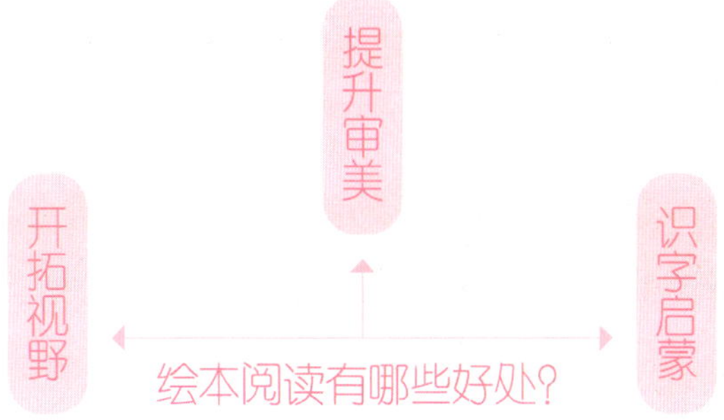

默其进入小学后基本实现了独立阅读。头两年阅读速度不快，给她提供的书目我都需要把关。我打心眼儿里喜欢那些有趣的童话，恨不得什么也不干只是读书。比如我们只在课本上接触少量的《伊索寓言》，完整读完这本书，才真正明白寓言的魅力所在。孩子每读完一本书，我都会创造机会和她交流感受，分享心得，找一些好的图书评论给她看。不知不觉间，孩子的阅读能力、理解能力和图书鉴赏力都在提高。

默其读书的高峰期是在小学四年级。据初步统计，她一年读书 276 本，还不包括重复阅读的数量。我的阅读量已经远远追不上她，她开始自己挑选图书，采购图书，阅读范围很广、内容很杂。印象深刻的一件事是，我给她推荐《李毓佩数学故事丛书》后，四年级时她当故事书读，五年级时当数学书读。在一次数学课堂上老师出了两道奥数题，她脱口说出答案，老师和同学无比惊讶。课后我问她是如何思考的，她说那套书里有类似故事，原理讲得非常清楚。受这件事情影响，孩子对数学类、科普类图书的兴趣也日渐浓厚。

和多数孩子一样，她进入初中以后，课外阅读量明显减少。但小时候的阅读功底，给她打下了扎实的学习基本功——思维活跃、学习专注、理解能力强。她在初中阶段学习非常轻松，与人交往融洽，始终保持着优异的学习成绩。阅读是让人受益终身的习惯，生活中多重视阅读都不为过。

1. 阅读是共同成长的媒介

很多家长不知道如何养育孩子，那就找一些家庭教育类图书来阅读。带着取其精华、去其糟粕的心态汲取思想，就会发现图书为我们打开一扇又一扇通往幸福的天窗。我曾经读过介绍美国、英国、日本、德国等各个国家教育背景的图书，发现所有的国家都非常重视早期阅读。如果我不去持续阅读，就不会坚定地带孩子开展阅读，也无从掌握不同时期孩子的阅读特点，就不可能培养出孩子良好的阅读习惯。父母和孩子共同读书，无论内容是否一致，这种氛围对孩子就是滋养，在孩子心中种下读书的种子。爱读书的父母自然培养爱读书的孩子。父母打麻将、看手机，却告诉孩子读书、写作业，这怎么可能让孩子心服口服信服呢？在孩子写作业的时候，家长手捧图书，这是最优雅的姿态。

2. 阅读是拓展话题的窗口

成人阅读，能够在现实生活中保留一片精神天地，精神自由才能看到更远的路、更高的山、更美的景。爱读书的父母内心丰盈，保留纯真，更能够引领孩子全面发展。曾经有一个科学实验，统计不同家庭每天说话的高频词。在每天说话内容基本没有变化的家庭中长大的孩子比较木讷、呆板，而每天都有新话题的家庭中的孩子思维活跃、善于交往。父母和孩子没有话题，或者父母觉得孩子一天净说没用的话，这足以说明父母思想僵化了。父母如果能够和孩子一起阅读，相信很快就会找到共同话题，而且会有源源不断的话题。

3. 阅读是母慈子孝的良药

读书是读者和作者对话，也是读者在探索自己，是自我提升的最佳路径。网络上有人调侃：不写作业，母慈子孝；一写作业，鸡飞狗跳。这种现象产生的前提是，孩子写作业时，家长在边上帮倒忙——送水、插话、批评、抱怨。如果孩子写作业时，家长在旁边读自己的书，还至于暴跳如雷吗？

写作业是孩子的事情，家长需要做的是让孩子保持写作业的好情绪，帮助孩子通过写作业发现学习中的问题；遇到真正不会的地方，去寻找不会的根源：是上课没听讲，还是接受有困难？然后再有的放矢地去解决问题。

很多家长在陪写作业中扮演了破坏者的角色，在一次次辅导作业中让孩子对作业产生厌烦。孩子的坏习惯都是家长培养起来的，家庭矛盾的制造者基本都是家长。试想一下，孩子写作业时父母在一旁看书，检查作业时发现问题上网找找解决办法，还至于产生矛盾冲突吗？要想家里减少矛盾冲突，最好的办法就是阅读。

在孩子教育问题上，很多家长喜欢盯着眼前的事。拼音错了赶快补拼音，作文差了赶快上写作课，或者某次语文考不好就否定阅读效果，质疑看书有什么用。告诉大家，默其是班里很少的没有上过学前班的孩子，但她上小学后没有丝毫学习障碍。倒是那些提早补课学习的孩子，充当了仲永的角色。很多父母对孩子的美好记忆停留在小学一二年级的双百分上。有一个家长曾经问我："孩子小学三年级之前都是双百分，六年级时成绩还非常好，为什么上了初中就不行了呢？"我问家长："孩子阅读习惯咋样？"家长认真回答道："光忙活补课了，哪儿有时间阅读哇？"看到没？这就是产生问题的关键。

家长朋友要想教育越来越轻松，需要重视阅读习惯培养。一个对书有亲近感的人，不会抗拒课本学习，大量阅读为课本拓展提供了支撑；一个愿意读书的孩子，对未知世界充满好奇，书本会让孩子站在巨人的肩膀上看到更广阔的天地；一个读书多的家长，有能力教育引导孩子，在孩子成长中做一个坚强有力的陪伴者。阅读是厚积薄发的重要动力，积累越多，动力越足。从现在开始，放下手机，让书香成为家的味道吧！

第四节
一起学会好好说话

语言具有神奇的魔力。积极正向的语言让人心生欢喜，消极否定的语言让人避而远之。父母在与孩子交流时，不能想啥说啥，任性而为。改变语言习惯是一个漫长且痛苦的过程，但不改变语言习惯将面临更加痛苦的结果。

我见过很多唠叨式父母。他们特别能干，对孩子照顾得无微不至，数落孩子“问题”时毫不留情、滔滔不绝。比如：“你这么磨叽，长大还能干啥？”“一写作业就上厕所、喝水，你没长脑子想一想吗？”“一回家就乱扔东西，家里被你弄得像猪窝。”检视一下上述语言，基本模式就是指出问题，再严厉质问，最后贴上标签。这样的话让孩子厌烦，让自己生气，让关系僵硬，让问题毫无改观，或者更加严重。

我也曾经像上面的唠叨家长一样，眼里揉不进一点儿沙子，天天跟在孩子后面挑毛病，以为指出孩子的问题，问题就能够消失，只要我不停地挑出毛病，就能剔除缺点打造出一个完美小孩儿。然而，我的想法很天真，做法很愚蠢。孩子刚成为少先队员时，学校要求每天戴红领巾。我像一个管家婆，天天把红领巾准备好放在书包里，还要提醒她不要忘了把红领巾带回来。有一天我在外地出差，老师在群里点名批评孩子没戴红领巾。这让我非常气愤：一天不在家就丢三落四，这以后可咋整？同时我也反思：是不是平日管得太多了呀？负向强调（即负强化）也是在强化记忆，我该想办法引导孩子主动做好学校物品管理。

回家以后，我先与她聊被批评的感受，然后问她：“怎样才能不发生这样的事情？”孩子说：“头天晚上把红领巾放在门口，或者多买一条红领巾放在书包里备用，这样就忘不了了。”我说：“两个办法都很好。但我更喜欢第一个办法。为了避免忘了作业和学校交代的各种任务，我们可以列一个任务清单，睡前对当天作业和明天物品做一个全面检查。”孩子欣然同意。也是从那天开始，孩子上学很少出现未完成作业和忘记带学习物品的情况，当然我也不需要每天提醒了。

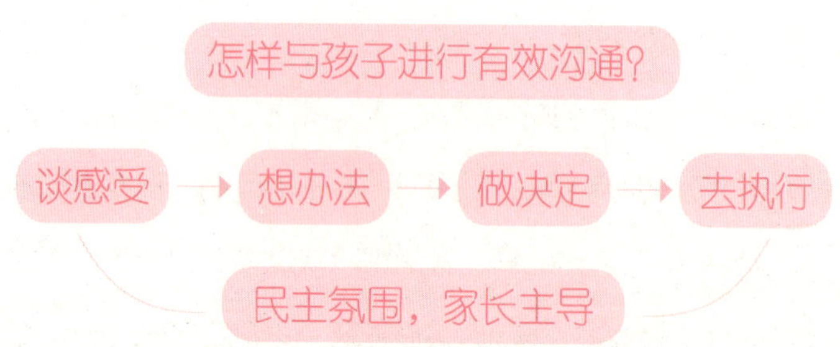

重复旧的做法，只能得到同样的结果；做法不能达到理想效果，就要积极调整思路。为了管住自己的嘴，学会沟通，我阅读了《父母如何说，孩子才肯听》这本书。这是一本教会家长和孩子说话的图书，建议家长们认真读一读。改变语言习惯是一个漫长且痛苦的过程，但不改变语言习惯将面临更加痛苦的结果。会说话是本能，学会好好说话才是本事。不知道如何说的时候可以选择沉默，学会倾听是练习说话的开始。

1. 同样的经历不一样的收获

默其一年级暑假，几个家庭相约一起到山里去露营。天公不作美，刚安顿好帐篷就下起了瓢泼大雨。我和孩子紧紧抱着躲在风雨飘摇的帐篷中，透过缝隙看到利刃般的闪电。我说："这真是从没有过的体验，因为有你在，我才不害怕。"孩子其实也很害怕，但她勇敢地说："没事的，妈妈。"很快大雨停歇，有的帐篷里进了水，地上非常泥泞，准备嬉戏的河道水面上涨，我们几家不得不收拾帐篷到附近农家院居住。计划完美的露营泡汤了。有的家长在抱怨天气不好，指责对方非得选这个日子，东西都弄脏了可怎么办。有一个家长甚至对帮忙收拾东西的孩子说："跟你出门就没一次顺溜的。上一边儿去，可别在这儿捣乱了。"其实我也有几分丧气，但我打起精神，对孩子说："多难得的雨中求生啊！如果没有帐篷，咱俩肯定成了落汤鸡。现在去农家院，也许晚上还会有意想不到的收获。野外旅游，就是充满了挑战。"孩子乐颠颠地和我在一起，她丝毫没有不开心。每次回想起这件事情，总能找到很多欢乐来。其实，老天下雨是一个自然过程，本身没有任何意义。这场雨的好坏取决于人的感受。积极的语言就是表达积极情绪，消极的语言传达的是消极情绪。

我们要想让孩子积极阳光，父母就应该帮助孩子从生活中感受到快乐、有趣、神奇等多元的情感。对了，有一次学校写《难忘的一件事》的作文，默其就以这次露营为题材写出了优秀范文。

2. 同样的语言不一样的效果

同样的一句话，在不同的环境里面，用不同的语调、情绪表达会产生不一样的效果。生活中谁都离不开吃饭，厨房里做好饭菜的人在招呼家人吃饭时最可能说的话就是“吃饭了”。比如孩子正在写作业，妈妈连喊三遍“吃饭了”，孩子会觉得烦，但家长不会生气；如果孩子正在打游戏，妈妈喊“吃饭了”的语调就会越来越难听，孩子很可能回应一句“不吃了，太烦了”。结果很可能因为语言里面流露出来的情绪，毁掉了一次很好的家庭时光，这一定不是父母想要的结果。所以，在说话的时候，最好和对方在一个空间里，看对方的状态调整语调，能配合肢体语言效果就会更好。重点是，孩子能够听出家人期待一起享受美食的喜悦，体会到这份温馨。这就像做菜，需要根据蔬菜类型调整火候。大家可千万别做傻事：带着不满和抱怨做饭，既付出劳动，又得不到理解。仔细体悟一下，让“吃饭了”成为温暖的呼唤、甜蜜的关怀吧！

3. 同样的表达不一样的理解

表达就是沟通，沟通有没有效果，和双方之间的关系状态密不可分。初恋时一句“我爱你”，是真诚的勇气；婚礼上的一句“我爱你”，是郑重的承诺；产床上的一句“我爱你”，是诚挚的感谢；吵架后的一句“我爱你”，是包容的道歉。同样的表达，同样的内容，对于不同人、不同场景来讲意义不同。人和人之间关系融洽时，表达效果比较好；在关系僵化的时候，双方既没有动力表达，也很容易曲解对方的意思。

> 语言沟通的效果取决于双方的互动，如果对方对语言信息没有回应或歪曲理解时，就需要思考双方的关系是否出现了问题。

孩子上初中后，如果对家长说的话表示不耐烦、没有回应，或者反向思考、你说东我往西时，家长就需要注意语言沟通技巧，调整教育方法。没有经过训练的家长，很可能火上浇油，事与愿违。

语言具有神奇的魔力。积极正向的语言让人心生欢喜，消极否定的语言让人避而远之。父母在与孩子交流时，不能想啥说啥，任性而为。说出去的话，就是泼出去的水，语言伤害是留在心灵世界的创伤，虽然看不到痕迹，但都会在孩子日常表现中现出端倪。父母要想让孩子越来越好，就从觉知自己越来越会说话开始。每个人都要修炼成语言高手，让自己说出的话，好听、好用、好使。

在语言沟通方面，有个著名的“73855 定律”：沟通效果的 7% 取决于谈话内容，38% 取决于语气、手势等，55% 取决于对方的身份。家长天然拥有了权威身份，不代表孩子会尊重家长。家长要想说话“好使”，一是建立起好的亲子关系；二是带着感情说话；三是说完话想一想，孩子听得懂家长说的内容吗。掌握了上面三点，家长会少说很多无效的话。

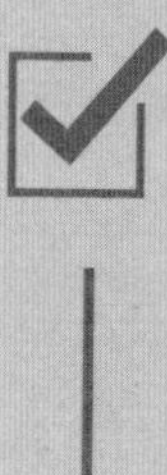

第五节
重视觉察情绪密码

从心理学角度看，情绪无所谓好坏，所有情绪的积极面都是在提醒我们面对发生的一切。全然地去接受，积极地去应对，努力做个情绪管理高手。

小时候，我在哭的时候，妈妈总是说:“别哭了，憋回去。”我在考试取得好成绩的时候，妈妈又会说:“这有啥高兴的，下次争取考第一。”妈妈很少关注我的情绪。有一次和她聊天，我说自己小的时候三次企图自杀：一次是在三年级时因为爸妈吵架想过投河，一次是因为过年时和父母要新衣被打骂后想离家出走，一次是弄丢几块钱被骂后觉得自己特别没用就准备了一根绳子。妈妈听了目瞪口呆，她不敢相信听话懂事的女儿曾经有那么多的内心戏，因为忙碌的爸妈从没注意过我的情绪变化。

事实上，童年的很多感受我都记忆深刻，没被关注过的小情绪总会时不时地冒出来。成家以后，我很少在孩子面前和家人吵架，遇到矛盾选择逃避；情绪不好时就去买衣服，花钱是自我安慰的方式。随着不断学习，我渐渐找到了自身问题的根源，在不断觉察中温暖着内心里那个需要关注、需要怜爱的小孩儿。

现在，我依然还有需要修补的情绪空洞，但在情绪掌控方面已经非常稳定。过去我看到默其睡懒觉就会生气，那是因为我在睡懒觉时被父母指责过。现在我用“睡好觉才能专注学习”的想法去接纳孩子，就再也没有愤怒了。孩子睡懒觉的事实没有改变，我的情绪调整却让彼此变得更舒服。

观察小孩子会发现，他们是驾驭情绪的高手，开心了就手舞足蹈，不满了就哭闹打滚，情绪发泄完了该干啥干啥。越小的孩子，情绪释放越自然。反倒是大人，在生活中掩盖情绪，对待情绪的方法很简单，认为忍一忍就过去了，躲一躲就消化了，发个火就释放了。这种简单处理情绪的方法，对自己不负责任，对他人也没有尊重，对个人身体健康和关系稳固发展都没有好处。从心理学角度看，情绪无所谓好坏，所有情绪的积极面都是在提醒我们面对发生的一切，全然地去接受，积极地去应对。情绪需要表达，不表达的情绪像是一份包裹储存在身体里，等待签收、打开。大量负面情绪积压会导致亚健康状态，甚至疾病。

我们面对情绪时，一般需要以下几个步骤。

第一步是接纳情绪。给自己的情绪状态命名，比如：愤怒、沮丧、焦虑等。

第二步是看到情绪，即弄清楚因为什么事情自己有了某种情绪——看清楚事实就会多出一份理性。

第三步是表达情绪。很多人表达情绪的方式是发泄，比如指责、发火、喝酒等，这样做不但伤害自己、伤害关系，还阻碍了沟通。好的情绪表达是在心里清楚地说：因为什么自己有情绪，以及此刻自己的感受如何。

第四步是缓解情绪。想一想，自己做些什么可以让情绪更好。缓解情绪的方式很多，包括运动、听音乐、聊天、做事情等。当我们按照上面步骤与情绪共处的时候，基本上可以成为情绪管理高手。

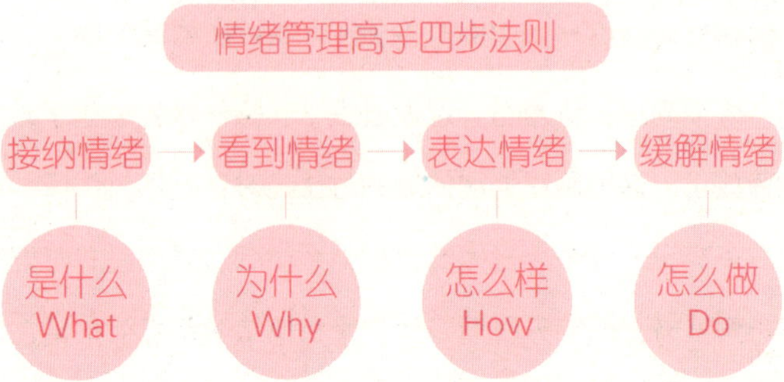

情绪管理高手四步法则

接纳情绪 → 看到情绪 → 表达情绪 → 缓解情绪

是什么 What　为什么 Why　怎么样 How　怎么做 Do

生活永远不是一个人的独角戏。尤其是在家庭生活中，关注彼此情绪，才能让家成为温暖的港湾。

1. 有情绪是因为需要爱

记得有一天，我因为职场发展受阻非常沮丧和愤怒，吃饭时默不作声地坐在餐桌旁。默其和爸爸分享一个同学的糗事，两个人哈哈大笑起来。我筷子一摔，大声质问："有什么好笑的？"爷俩一脸错愕，我摔门而去。后来在回忆起这件事情时，我抱歉地说："当时情绪太差了，你们还故意气我。"先生说："你不说啥事，拉个脸在那儿坐着，我们也不知道发生了什么呀！"默其说："我看出来你不高兴，就特意说个笑话逗你开心，结果你还急眼了。"这件事，旁观者会看得很清楚：情绪状态下的我错误地认为"他们在气我"，他们不爱我；先生不知道发生了什么，没想到我会有火气，以为不开心很快就会过去；默其觉察到妈妈的情绪，但所用方法并没有给情绪中的妈妈带来安慰。在这件事中，三个人都没有错，但三个人又都有错。每个人在某种情绪状态下的需要都不同，不用争辩对错，不用评判好坏，爱永远是最好的表达。

2. 能看到对方的情绪是因为爱

一家人生活在一起，彼此间需要感知对方的情绪。如果我们看不到对方的情绪，对方就会感觉到不被重视，家人间的情感便无法流动起来。比如：孩子因为考试情绪低落，吃饭没胃口。家长看不到情绪，还是一个劲儿地让孩子多吃点儿，长身体。这个时候孩子感知不到家长的爱，反倒会有不被理解、不被接纳的负面感受；家长也会觉得孩子不知道好歹，不理解父母的辛苦付出。所以，家人间不仅要看到对面的人，更重要的是看到对面人的情绪。家庭生活中，夫妻双方吵架，背后的逻辑都是在意对方。从来不吵架的夫妻，可能是精神高度契合，更多是哀莫大于心死的悲凉。

家是讲情的地方，不是讲理的地方。家人之间有矛盾冲突，说明彼此都还在意对方，大家对爱还充满渴望。从爱的角度去解读家人的情绪，就会化解许多不必要的纠葛。

无论你在与对方交往中升起何种情绪，都是因为你在意对方，内心深处都在渴望一份爱的表达。

3. 不玩儿情绪隐藏游戏

情绪表达对很多人来讲是一个难题，但表达情绪又非常重要。我们要深刻认识到，情绪是内在的体验，自己不说出来，别人很可能看不清。比如：有些女孩儿内心细腻，非常希望在过生日时得到爱人的礼物，甚至幻想各种浪漫场景。可是生日当天，对方没有送礼物，女孩儿可能表面掩饰失望，内心却在不满对方，甚至找事情和对方闹别扭。其实，对方很可能不知道那天是她的生日。女孩儿的内心戏无论多丰富，如果不去表达，都只是自欺欺人的烦恼。夫妻之间这样的事情也非常多。比如：老公在外应酬回家很晚，妻子本来担心喝酒伤害身体，但越想越生气；丈夫一回家，妻子就来一句“咋不在外面喝死”。这听起来是愤怒的咆哮，其实是深深的牵挂和爱在流淌。妻子因为不好好说话，所有的情绪都被隐藏起来，给夫妻关系带来巨大伤害。情绪是内在隐秘的东西，从小要训练孩子表达情绪。在家庭生活中，千万不要在情绪问题上藏猫猫，有情绪就表达，直接一点儿，彼此轻松。家长能够掌控和表达情绪，对孩子来讲也是福气。

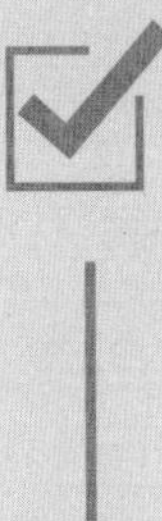

第六节
守住家庭教育主阵地

国家三令五申反对幼儿教育小学化，是有科学依据的。我从接触的大量案例中也发现，学前多读书、多运动、生活规律的孩子更容易适应小学生活，发展后劲也更足。孩子的教育绝不是依靠外力和金钱就可以达到目的的简单事情。教育的主战场是家庭，造成教育差异的关键在父母。

一个周四，我上午十点半去手机店修手机。出来的时候，发现电梯口有两个抱着孩子的中老年妇女，还有七八个大人。从他们对话中，我了解到孩子刚上完早教课。其中一个大人在抱怨："孩子哭了一节课，这有啥用啊！"年轻的妈妈说："这不是锻炼孩子社交能力吗？上节课你看他还爬了第一名呢！"观察抱在怀里的孩子，不到一周岁的样子。

不知何时起，早教市场蓬勃发展。但我个人不赞成带三岁以下儿童上早教班。三岁以前是建立信任感、安全感、羞愧感的重要时期，最需要的是丰富的语言、温和的面容、安全的环境、规律的生活。家长不顾孩子身心发育特点，不管孩子是在睡觉还是玩耍，就要准时准点地去上早教课，未必会收到理想效果。

当然，学前儿童上幼小衔接班，或者是将孩子固定在书桌前的学习活动，我都是极力反对的。举例来说：执笔姿势不准确的孩子，多是由于手部小肌肉群尚未发育到协调有力的程度时，过早拿笔写字造成的。小学一年级听课不专注的孩子，多是上过幼小衔接班，对学校教学内容不感兴趣，在学前没有养成好的行为习惯。国家三令五申反对幼儿教育小学化，是有科学依据的。我从接触的大量案例中也发现，学前多读书、多运动、生活规律的孩子更容易适应小学生活，发展后劲也更足。

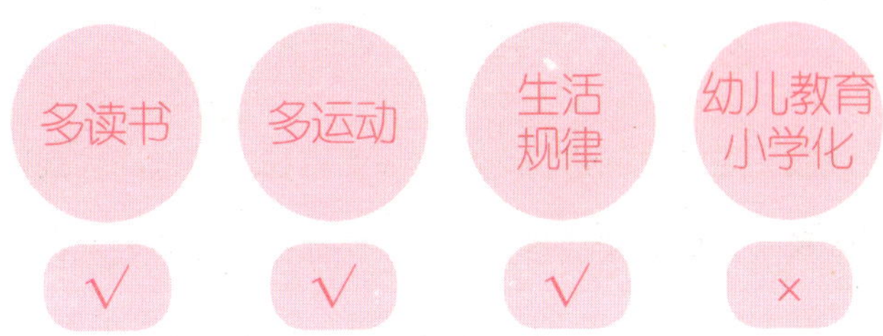

现在家长普遍接受一种教育方式，就是成长外包。大家习惯将孩子的成长分为以语数外为主的学科教育，以音体美为主的艺术教育，以棋类、机器人、感官训练等为主的益智教育，然后将上述教育交给学校和培训机构。区别仅在于有的孩子学的多，有的孩子学的少。家长辛辛苦苦赚钱给孩子交学费，希望花了钱孩子就会达到预期的目标，这是非常可怕的想法。孩子的教育绝不是依靠外力和金钱就可以达到目的的简单事情。教育的主战场是家庭，造成教育差异的关键在父母。越小的孩子越需要父母亲力亲为的陪伴，父母在孩子小时候逃避教养责任，就要在后期付出更多精力去弥补。

我见过太多学龄前被老人照顾、父母缺位的孩子，他们在上小学后表现出各种各样问题，让父母感到无比痛苦。0~6 岁孩子需要在父母的保护下安全长大，6~12 岁孩子需要在父母的陪伴下增长本领，12 岁以后的孩子开始与父母一点点脱离，直到独立。这是自然规律。

1. 与其赚钱交学费，不如自己陪孩子

在赚钱和陪娃之间进行选择，很多家长宁愿选择去赚钱，也不愿意陪孩子。他们会找各种理由，比如：陪孩子太累；自己不懂教育，教不好孩子；专业的事情交给专业人去做，为了孩子好，大人辛苦点儿也值得。这些理由看似很有道理，都是为了孩子好，但呈现的是家长的逃避心态和无力感。如果孩子教育不好，家长就会说："我给孩子补课花了很多钱，考不好也怨不得我们了。"孩子考不好不会怨家长，但家长能够说孩子学习不好都是孩子的原因吗？补课可以补知识，但补不到心理营养。孩子处在空虚、孤独、无力等状态时，越补课越麻烦！我们不妨来算一笔账：一般情况下，补课费单课时会超过多数家长的单小时收入，父母需要付出更多劳动时间来支付补课费；父母将孩子送到价格低廉的补课机构，教师水平很难保障，可能学不到东西还养成很多坏毛病；父母自己陪孩子，省下学费不说，还可以加强亲子沟通。当然，算这笔账的前提是，家长要能够用心陪伴孩子。比如，上各种体育班，不如带孩子去郊游、跑步、跳绳，组织社区孩子一起捉迷藏、跳皮筋；各类美术课的内容，家长可以从网上搜集相关视频，和孩子一起画、一起做手工。

2. 与其关注成绩，不如培养习惯

孩子走出家门，面临着各种比较和竞争。家长不明确教育目标时，很容易成为教育焦虑的受害者。记得默其五岁左右，和同龄小伙伴一起玩耍。人家孩子百以内加减法脱口而出，书包里放的是阅读识字书。默其看着人家做计算题，羡慕得不得了，我也在那一瞬间觉得孩子像个小傻瓜。回家以后，面对着从那孩子的家长手里要来的补课机构电话，我好几次产生咨询冲动。但做过三年小升初语文辅导的我知道，什么对孩子语文学习更重要，什么对孩子终身成长更有益。

最后我没有打电话，继续带孩子坚持绘本阅读，每天保持户外运动，让她尽量参与家务劳动等。

在读小学期间，默其曾有过学习成绩不稳定的时候，小学一二年级都因为计算错误没有拿到过双百的期末成绩。但我一直相信，家庭给予她的教育非常充足，她对世界好奇，对知识渴望，将来一定会越来越好。事实证明，默其在小学阶段大量阅读、习惯良好、探索欲强，初高中阶段越学越轻松。我建议，小学家长发现孩子学习成绩不理想的时候，不要急着去补课，而要在学习习惯、家庭关系等方面寻找原因。

3. 与其把学习当成负担，不如把教育视为生活

家长关心孩子的教育成长是天经地义的事情，但如果把学习当成沉重负担，那一定是方法出现了问题。古今中外的成功人物，很少有父母认为培养一个孩子是负担；每年出现的中高考状元，大多是非常省心的励志少年。认真总结不难发现，教育不只发生在学校和补课机构，也不是某一次家长和孩子的认真谈话，或者是某个单一事件的影响，教育就是日积月累的普普通通的日子。

教育的差异存在于日常生活中，父母的格局、视野、思维、语言等影响不容忽视。孩子的差异不在学区房、名校、名师，关键是在家长和家庭。

我们把教育分解到生活的每一个瞬间，就会提醒自己在孩子面前应该怎样做、应该怎样说、应该给到孩子哪些示范和影响。孩子是拯救我们的天使，一个人因为当了父母变得更加优秀时，孩子也一定会非常优秀。

第七节
体验是最真实的教育

大家普遍认为，淘气的孩子更聪明。的确如此，淘气的孩子在探索和尝试中刺激神经元发育，无论是获得成功的体验还是挫败感受，是被表扬认可还是被批评指责，都会让神经元连接得更复杂。

冬天，路过默其小时候的幼儿园。正值离园时间，有的孩子被放在手推车里，身体裹得像个粽子，露出毫无表情的脸；有的孩子被大人牵着手，规规矩矩地跟着走；一个扎着小辫的姑娘仰着头和妈妈说着话，蹦蹦跳跳的煞是可爱。不同的接孩子的方式，呈现的是教养理念的差别。把孩子放在车子里，看起来很安全，却让孩子失去了宝贵的锻炼和成长机会。这样的孩子往往脾气不好，更爱感冒，干啥都觉得没意思。五六岁的孩子应该眼里有光，脚下有路，去感受四季的变化，去探索世界的神奇；在户外充分释放能量，回到家里才能吃得香、睡得好，做事专注，情绪正常。

《梦见兔子》是默其在初三时完成的一本带有自传性质的童话故事，其故事背景来源于她的幼儿园时光。在她上小学前，家里还没有车，每天需要走半个小时才能到幼儿园。她很少让大人背着、牵着走路，习惯于自己背着小书包，蹦蹦跳跳地走路。这本书的开篇写四岁时她尝试冲泡绿茶的过程，文字非常细腻感人。都说写作来源于生活，这段描写就是最生动的诠释。

默其的几部童话作品都有现实生活的影子。比如多次出现在她作品中的菜园，她小时候经常在那儿挖沙坑、种种子、捉虫子、捣蚂蚁窝。这些经历过的事情成为日后写作的素材，童年丰富的体验让她耳聪目明、思维敏捷。

科学研究证明，人在出生时脑神经元总量差不多，造成智力差异的原因是神经元连接的密度不同。神经元的连接，来自外界刺激和内在感受的触发。大家普遍认为，淘气的孩子更聪明。的确如此，淘气的孩子在探索和尝试中刺激神经元发育，无论是获得成功的体验还是挫败感受，是被表扬认可还是被批评指责，都会让神经元连接得更复杂。举个简单例子：乖乖等着妈妈倒水的孩子在喝水问题上只有一种体验，而自己倒水的孩子可以体验倒水的动作，掌控水温的调控，发现加不同东西可以喝到不同味道的水。大多数孩子不会有智力不足的问题，只有智力运用不足的问题。

在刺激大脑发育方面，家长要让孩子的身体动起来、手指动起来、嘴巴动起来。在鼓励孩子参与体验方面，不妨经常对孩子说下面几句话。

1. 你说呢？

父母总是喜欢替孩子做决定，比如穿什么衣服、吃什么东西、应该怎样做事等。孩子不顺父母心意时，就会产生冲突。冲突是不容选择带来的后果。如果家长在生活中能够把孩子当成平等独立的个体，凡事都问问她“你说怎么办？”就把选择的主动权交给了对方。孩子既然选择了，自然会对选择负责，做事情的过程就会顺畅很多。比如针对孩子穿衣服问题，可以提前告诉孩子今天天气有点儿凉，这里有两套衣服，问他要穿哪一套。孩子选对了，你就夸他越来越会照顾自己；孩子穿得少了，你就提醒他下次要穿防风的衣服。

生活中父母要学会把“你说呢?”当成口头语。这句话的神奇魔力在于，你永远都会和孩子有聊不完的话题，孩子也乐于在选择后对自己想做的事负责。

一个具有明确判断力的孩子，会在不断选择中生发果敢、坚毅、自信的品格。

2. 我陪你!

孩子需要父母陪伴，在孩子的成长中家长要当好守护者和陪伴者。无论孩子想做什么决定，家长都要坚定地告诉孩子:“去尝试吧，我陪你!”简单的“我陪你”三个字，是承诺，是安全，是力量。默其七八岁之前有好几年特别喜欢爬树、玩儿的杠子。为了保护她，我在地砖上铺泡沫板，教会孩子基本的保护措施后就任由她去玩儿。有一年我带她去北京颐和园，满目美景她毫无兴趣，用一个下午爬了四棵大树，惹得围观的男孩儿的爸爸感叹:“这样的女孩儿咱可不敢娶!”孩子去游乐场玩儿的“大摆锤”，我心里十分恐惧，但还是对孩子说“我陪你”。从“大摆锤”上下来我呕吐起来。孩子心疼地对我说：“下个项目我自己玩儿，肯定注意安全，你在地面陪我就好。”看，这就是孩子。当她有足够自信的时候，“我陪你”就成了彼此的信任和守候。

3. 慢慢来，我相信你！

有一首诗歌写道：“我的手很小，无论做什么事儿，请不要要求我十全十美 / 我的脚很短，请您慢一些走，以便我能跟得上您 / 我的眼睛，不像您那样见过世面，请让我自己慢慢观察一切事物 / 我的感情是脆弱的，请不要整天责骂不休，对待我应像对待您自己一样 / 我需要不断鼓励，不要经常严厉地批评、打击我。”孩子从小到大，做任何事情都要经历一个从不熟悉到熟悉的过程，家长千万不要着急，既不要认为小孩子做事太笨，也不要寄希望于长大都好了。成长是一点一滴的积累，经历过的体验会储存在身体里，看不见、摸不着，但会让孩子在一次又一次的努力尝试中变得强大。现在很多人有社交恐惧症，其中有一部分人在简单优渥的环境中长大，生活有人照顾，学业有人安排，社交场景单一，既没有体验过成功，也没有感受过失败。在别人眼里幸福的生活，他们自身感觉不到幸福，甚至只有无聊和无奈。要想孩子全面发展，请在小时候多陪伴孩子，并且对他说：“慢慢来，我相信你！”

第八节
用心品读生活故事

对生活中的人多一份观察、多一点儿注目，会生出许多善念和慈悲。若想在旅途中获得乐趣，要有看到世界的丰富多样、生活的细碎有趣、生命的蓬勃鲜活的视角。这个视角来自见闻和内心感悟的有机结合。

读万卷书不如行万里路，行万里路不如阅人无数，阅人无数不如有名师指路，名师指路不如自己去悟。这句话是说静态的读很多书和动态的做很多事相辅相成，读书和行路要有明确的方向；有明确的方向后还要有自我觉察，高效地执行。一个人能够清楚人生目标，以学习和实践做支撑，不断总结提高，那想不成功都很难。

生活就是一本丰富多彩、情节生动的大书，每个人的生活故事不同，每本书都有不同的内容。当我们以读者的心态看待别人，看待世界，以作者的心态书写自己的故事时，平静的生活就会生出许多趣味来。我很喜欢带着默其去观察生活中的一切，迎面走来的急匆匆的打工人、坐在便利店里无聊的收银员、校门口等着接孩子的姿态各异的家长……对生活中的人多一份观察、多一点儿注目，会生出许多善念和慈悲。

所谓行万里路，不仅是看风景、吃美食，更重要的是体验风土人情。没有感悟的旅行犹如身体的搬运工，从自己待腻的地方去别人待腻的地方游走。要想行走有趣，要有看到世界的丰富多样、生活的细碎有趣、生命的蓬勃鲜活的视角。这个视角来自见闻和内心感悟的有机结合。默其五年级暑假，我们和一对母女去四川游玩，每天晚上，她都要写游记。在游黄龙那天，全车游客都选择乘坐索道上下，只有我和孩子选择了徒步上下。一路上，我们克服了高原反应，从不同角度欣赏美景，收获了许多点赞。站在黄龙顶部，她感慨道:“不同的选择会有不同的收获，我在行走中感受的，比排队等索道有趣多了。”看，这就是参与实践的真实体会。生活中，她也一直是参与感特别强的孩子。

上山的道路千万条，但总有捷径可走。

名师指路的关键在于找到名师。孩子的名师可以是信任的、尊敬的、崇拜的生活中的人，也可以是理想中的人，这些人都是孩子的榜样。用榜样去激励孩子，一定比“别人家的孩子”更有效果。

我喜欢给孩子讲名人故事，讲她认识的哥哥姐姐的故事，这些故事中往往渗透着我想对她说的话。上高中后有一次她和我说:“小时候就觉得你特别厉害，身边的大人和孩子都特别优秀。”讲别人的故事说自己的话，比夸别人的孩子训自己的娃效果好很多。

旅行、读书、榜样都在生活之中，做每一件事情都赋予意义，都用心去思考，这样才能避免一切都不记得的情况。有一次我问孩子:“是否记得去哪里旅行过?”如果不是刻意提醒，她基本都忘记了，但是说起某个人、某件事、某个场景，她依然印象深刻。这就如同我们不记得在哪家餐厅吃过什么菜，但某种特别的味道记得非常清晰。生命是用来感受的，生活是用来品味的，生长是慢慢发生的。

1. 为自己的生命故事留痕

现在请您闭上眼睛，做两组深呼吸进行放松，闭上眼睛回忆过往的人和事，可以是难忘的一件事、痛恨的一个人、后悔的一个决定，也可以是回忆第一次见到孩子的印象、第一次离开家的思念等。努力去想一件具体的事，或者想一个难忘的人，想什么都可以，看是否可以回忆起当时的场景、细节、感受。我想随着时间推移，很多过往都已经模糊不清。这就是时光，曾经以为的刻骨铭心，现在都已风轻云淡。有一天我翻看初中时的日记，和Y同学闹矛盾的气话写了一整页，可我无论如何想不起那个Y同学是谁。默其从六年级开始写小说，里边的很多故事她已经记不清。就是读自己出版的作品，也会生出陌生感。尽管留下的文字不像照片一样直观，但这些都是刻在生命日记里的符号，等待合适的时机再次被开启。生活中，多拍一些照片、多写一些文字、多画几幅画、多录一点儿语音，等到明天再看，明年再看，感觉真的不一样。

2. 为别人的生命故事点赞

人的成长环境在不断拓宽，交往结识的人也会不断增多。但能有交集的人，一定是彼此之间发生过事件。关系因交往不断变得深厚，给别人点赞是稳固关系的最好方式。比如在朋友圈，很多人就是默默浏览，如果习惯为他人点赞，一定会让对方感觉到被关注，也可以在点赞后发现更多朋友之间的交集。经常为别人点赞，对方也会为你点赞，朋友圈因相互点赞产生心相通、情还在的温暖。网上的世界如此，家长陪伴孩子的道理也相同。家长在生活中要多关注孩子做什么、怎么做、做得怎么样，然后去点赞孩子做事情的动机、态度、结果等。家长为孩子点赞的方式非常多，可以是在家里的鼓励，也可以是在公众场合的表扬；认可的眼神、大大的拥抱，所有的美好孩子都会感知得到。家长为孩子点赞得越多，孩子的生命故事越有价值，孩子也会愿意成为自己生命的主人，在生命长河中留下更多值得阅读的当下。

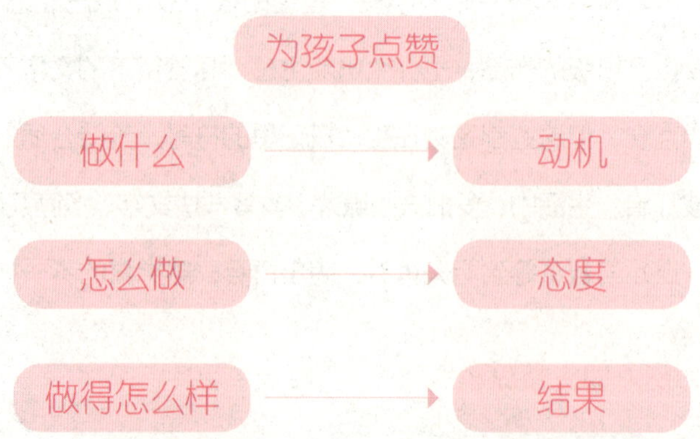

3. 成为彼此生命故事的主角

一天我和默其躺在床上聊天，忽然聊起一次和朋友在辽宁大学彗星楼门前玩儿，她掉到喷泉池的事情。我说："我坐在远处的石台上看着你快乐地玩耍，突然看到你掉到了水池里，我飞奔过去，毫不迟疑地把你捞出来。当时你已经吓傻了，呆呆地立在地上一动不动，浑身湿透。我赶快脱下外套，从上到下检查是否受伤。"默其说："我真不知道如何掉到水池里，也一点儿没感到害怕。我只感觉到你的眼泪掉下来了，其实在回家的路上，我一直觉得自己的衣服有点儿奇怪。"我默默地说："现在想来，当时我确实吓坏了，别的家长说我跑得比飞都快呢！"这是默其唯一一次遇险经历，好在我们一起经历，才成为彼此之间一份美好的记忆。她知道妈妈多爱她，她也懂得安全多重要。没有孩子之前，我很少做饭、做家务，但为了让孩子吃得健康营养，我学会了各种美食制作。在成为家中大厨的路上，是孩子的认可成就了我。看着孩子健康长大，我知道，自己在用生命滋养着她。父母和子女的互动越深，感情越浓厚，也必将成为彼此生命故事的主角。彼此牵挂，美好如斯。

第九节
珍惜自由创造的契机

默其每每讲故事，我们都要录音、整理。这个过程看似复杂，实际上是对孩子最重要的肯定，她会觉得自己说的话非常重要，也通过大人的正向肯定树立起自信。

默其的第一次文学创作发生在五岁时。一天晚上，她有模有样地给爸爸、妈妈讲故事，条理清楚、想象神奇、有头有尾，我们都赞不绝口。第二天，在她又准备讲故事的时候，爸爸准备了录音笔，记录下稚嫩有趣的声音，然后再整理出来给她读，默其却说："那不是我昨天讲的故事。"从那时起，默其每每讲故事，我们都要录音、整理，这个过程看似复杂，实际上是对孩子最重要的肯定，她会觉得自己说的话非常重要，也通过大人的正向肯定树立起自信。对于还不会写字的孩子来讲，说故事比写故事更顺畅，她可以不被打扰地沉浸在构建故事的精神世界中。这一阶段虽然会有故事情节散乱、没有章法等问题，但只要孩子肯去想象、去表达，就已经很了不起了。

从小种下了"未来当个大作家"的种子，到上学以后她开始了各种构思，始终沉浸在创作的快乐之中：小学一二年级设计漫画故事；三年级的时候列出的十几本书的写作提纲，第一次开始尝试古体诗写作；四年级时创作了一首《妇女和仙女》的诗歌；五年级开始《蓝迪的朋友圈》的写作。默其一直把写作当成好玩儿的事情，写作和阅读一样，带给她无穷的快乐。

默其并不是天才作家，她是一个普普通通的孩子，在享受写作带给自己和父母的快乐。一位家长朋友说："我在默其的文字中，看到了一个自由而快乐的灵魂。"是的，在默其的写作问题上，我们没给过她技法上的指导，阅读就是她的教练。无论她写得怎么样，是半途而废，还是一时兴起，我们都认可她“写得真好”。她在创作《蓝迪的朋友圈》时，中间曾停笔三个多月。一天我问她：“可以把前面的故事给我看看吗？”她说写得不太好，不想写了。我看完前期创作后，鼓励她说：“这是我见过的最有意思的内容，大人没有小孩儿的视角，你把他们的命运写完整就可以了。”我还对她说：“如果你真写够了两万字，我们就向出版社投稿。”在不断的鼓励和肯定下，她终于手写完成了作品。我想，在关键时刻，如果没有妈妈的支持，恐怕她也很难坚持下来。意外的是，书稿得到出版社的认可后，她的画画热情也被激发出来，自己写文字、自己画插画，这个梦想足够支撑她废寝忘食了。

自由写作不受各种限制，学校的命题作文往往让孩子们困惑。默其也曾对命题作文有所抗拒。作为曾经的语文辅导老师，我看到很多“写假话”“编故事”的作文，自然不会强制孩子进行技巧训练。遇到特别不喜欢、没感觉的作文题，那就找三篇同类作文，进行“综合改造”。爸爸十分反感我的这种“支持”，但我一直觉得，让孩子保持对写作的好感觉更重要，有话则写，无话不必强求。对同类作文进行“综合改造”是整合模仿，但绝对不是抄袭，谁说在模仿中就没有提高和收获呢？

1. 写作是刻在时光里的记忆

写作和说话一样，是人的本能表达。我们不用把写作看得很神秘，每个人都可以成为自己的作者。我非常建议大家保持写作习惯，从记日记开始，记录生活中有感悟的一切。日记可以分为两种，一种是留给自己的秘密，不允许别人偷看，自己做好内容保护；一种是没有秘密的文字，就是记录生活中的琐碎日常——当然，如果记录下孩子有趣的瞬间，当某一天孩子觉得写作文没有素材的时候，你就可以打开本子贡献内容了。日记不一定天天记，但养成写东西的习惯非常重要。我在学生时代有练笔的习惯，给自己的秘密日记有五六本。翻看那些发黄的纸页，很多事情像电影一样播放，我好似又回到了过去，但又在成年人的审视中看到了青涩和稚嫩。一天，默其和同学闹矛盾有情绪。我将自己的初中日记给她看，告诉她这个年龄段发生一些事情很正常，最重要的是学会如何化解矛盾，让关系更融洽；我当时没人指导，自己烦恼了整个青春，现在她多么幸运。默其在看我的日记后感悟很多。其实，把日记翻出来的一瞬间，我感觉那是价值百万的财富。

2. 写作是舒缓情绪的有效方法

在心理学上，写作是梳理内心、疏导情绪、明确方向的很重要的技法。一个人面临情绪困扰时，可以在无人打扰的环境中自由书写，这是和自己在一起的过程。如果能够借助一些引导，舒缓情绪的效果会更神奇。这段时间孩子在录取的关键期，我有一些焦虑情绪，连刷三天直播让自己感到非常沮丧。一天晚上，我拿出日记本，在本子上写我焦虑的原因、我和焦虑事件有什么关系、我做点儿什么可以不焦虑。梳理过后，我豁然开朗：录取是老天的事情，我无法左右；我焦虑的不是牛津是否录取，而是录取后的经济压力问题；去哪儿读书是孩子的事情，我只要全力支持；自己能做的缓解焦虑的事情就是提升技能，创造更多经济收入。我特别喜欢在困境中用文字来疏导的，甚至在夫妻沟通出现障碍时，也喜欢用文字去表达。

> 文字是整理后的语言，比口语更理性、更客观、更容易表达真情实感。写信也是沟通的方式之一，这一招儿用在亲子之间效果特别好。

3. 写作是精神世界的拓展延伸

随着互联网普及，写作的方式非常多。原创作家是传统意义上的写作者，可以通过纸媒和网络发表文字。现在还有很多整合型写作，比如拆书稿、写网文、搞评论、主题整理等。在校园里，基础教育阶段离不开写作文，高等教育阶段则需要写论文。写作离不开阅读和思考，写作更多的是对知识的筛选、拆分、整合和梳理。家长朋友们要注重孩子写作能力的培养，鼓励孩子大量阅读，学会在海量信息中筛选同质有用的信息进行整合再创造。不管孩子写什么，家长都要鼓励和认可，这是来自精神层面的肯定。默其的童话作品受到很多小读者追捧，面对小粉丝崇拜的样子，她的内心一定是幸福和美好的。我眼看着默其通过写作成为很多孩子的榜样，也因此变得更加自信且优秀。

面对低年级的孩子，如何激发他们的写作兴趣呢？

家长在闲暇时间将孩子说的内容整理成文字，让孩子看到语音变成文字的样子，会给孩子赋予很多成就感。

第二章

操 作 篇

16年用心陪伴，终于花开留香。让孩子爱上写作，就在生活的点点滴滴。

我将自己的培养理念、教育方法、实用技巧融入到生活中，总结到文字里：

教育是灵活的就地取材，方法需要在生活中用出来；

亲子关系影响到沟通效果，技巧的核心在于塑造良好的成长氛围——互动，才有影响；

重视阅读习惯养成，始终保持对阅读的良好感觉——功利阅读是摧毁阅读的利器；

写作是表达的另一种现实，最起码，要让孩子说真话、讲真情，说假话的写作还是停止吧；

孩子的梦想是孩子的，孩子的世界只有孩子懂——孩子在阅读里会发现梦想的种子、造梦的材料、逐梦的动力；

我在陪伴孩子阅读中感受到人间值得——大人陪孩子阅读，是人世间最美好的画面，也是成年人最该珍惜的幸福时刻；

陪着孩子一点点长大，不要抱怨没有时间和孩子相处，用一种方法和孩子相处五分钟，也比看着手机和孩子待上一整天好很多。

花开的背后是持之以恒。

第一节

接纳赏识，培养自信阳光少年

同一时期，一个作文水平高、很有写作天赋的同学也在偷偷写作。她妈妈发现后，劈头盖脸地批评她学习没搞好净弄些没用的事情，孩子的很多作品开个头就夭折了。

孩子天生具有学习能力。强大的学习能力让生命获得身体的成长和精神的丰富。孩子的成长道路，取决于家庭教育、社会教育和学校教育的综合影响。这是基本事实。单就写作这件事来说，写是说的另一种表现形式，写作是思想情感的外化呈现。通俗来讲，会说话就会写作，能思考就能写作。可是有的家长会说:“我的孩子不会写作文哪。他连作文都写不好，又怎么可能会写小说呢?”

我们简单分析一下孩子不会写作文的表现：一是不知道怎么写，有些孩子非常能说，但一落笔就不知道该写啥；二是没有内容可写，看着作文题目发呆，感觉没啥可写的；三是写不好作文，即使学过写作技巧，但就是不会写作文。上面任何一种表现绝不是单一问题的呈现，大家通过阅读后面文字就会找到真正原因，也会相信每个孩子都能写作。

默其的第一本小说是《蓝迪的朋友圈》，它还有一个版本叫《小鸟蓝迪》。我曾经问她:“你是什么时候开始写作的？怎么想起来写东西了呢?”她说:“五年级那个英语学习班，每次课四个小时，简直太无聊，课间我又没有朋友，就想写点儿东西安慰自己。写了两千多字的时候，被一个陪读妈妈偷看了，她还夸我‘写得太棒了’。我就觉得自己很牛，大约写到三千多字时，才被你发现。”

默其一直是个很专注的孩子，我从来不陪她学习、上课、写作业。得知她英语课上开小差，我非常震惊；在读了她的文字后，又感到吃惊。孩子的想象力太丰富了，一只小鸟和一条虫子居然能够成为相互依赖的朋友。

> 经过一番思考，我选择支持她写作，并引导她上课要保持专注，课间也应该积极休息，每天可以在家里写作半个小时，作品完成可以尝试去投稿。

给了她写作自由以后，她反倒不爱写了。这就是所谓的逆反吧，偷偷做的事情往往更有趣。

默其经历了主动的偷偷写作到被动的公开写作的过程。当时没有想过她真能写成一部作品，就是希望她完整地做好一件事情。日常闲聊中，我有意无意地和她讲，小说就是自圆其说，要让作品中的形象有完整的生命历程，按照自己的想象去安排每个形象的命运，这是作家的权利、自由和幸福。她断断续续写了一年多。在帮她打印文稿的时候，我才真正惊讶于她丰富的想象力和柔软的内心世界。

同一时期，一个作文水平高、很有写作天赋的同学也在偷偷写作。她妈妈发现后，劈头盖脸地批评她学习没搞好净弄些没用的事情，孩子的很多作品开个头就夭折了。回顾从发现默其写作到引导她创作第一部小说的过程，我做对了下面这几件事。

1. 允许孩子做想做的事情

在无聊的补课间隙，通过写作来舒缓情绪，这件事听起来很美。但多数家长面对这种情况，第一反应是抱怨孩子不务正业，不好好学习。在当时，我也有这样的真实想法：学英语过程中写小说，这不就是本末倒置吗？但换成欣赏的眼光时，这种行为就是高级休息——多有创意的想法，多么可爱的孩子！我们选择允许孩子用自己的方式缓解压力，保留自己的精神世界，这就是尊重。

2. 引导孩子做事有始有终

三分钟热血，兴趣不断变化，这是孩子的天性。在兴趣探索初期支持孩子尝试，兴趣班会有一个从增量到减量的过程。一旦发现孩子真正感兴趣的东西，家长要引导孩子从兴趣培养提升到终身爱好。默其写作刚开始只是出于冲动，根本没想过写成完整的故事，更没有想过会出版。对于这样美好的开头，我们给了她允许，更重要的是让她保持好的感觉，不断地鼓励她写下去，在写下去的过程中给予一些技巧和方法，并且适时地采用目标激励。记得图书编辑对书稿表示认可后，她的改稿动力、插画动力十足，效果非常棒。

3. 赏识孩子的变化和成长

孩子的成长变化非常惊人，用赏识的眼光去看，孩子如沐春风，茁壮成长；用批评的眼光去看，孩子如临大敌，萎缩压抑。如果默其的写作得不到允许，进步没有被适时肯定，这部作品根本不会完成，更谈不到有后面的创作了。赏识是给孩子最好的精神礼物，没有一个人不喜欢被看到、被赞美、被认可。被赏识的孩子会把优点放大，放大优点的动力会掩盖掉缺点的瑕疵。默其因为要写作，所以英语课上更加认真，成绩也提高得非常迅速。

我陪伴引导默其出版第一本图书的三点体会，不知道是否对您有所启发。请您回忆曾经拒绝孩子的一件事，然后思考几个问题：不允许孩子做那件事时，您当时是怎样想的，后来的效果怎么样？如果当时允许孩子做了，可能会怎样？以后面对孩子的请求，应该怎样处理更合适呢？

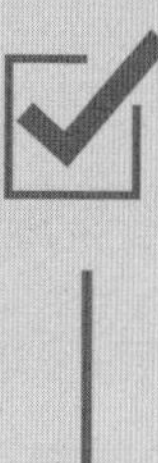

第二节

开发六感，在生活中培养观察力

观察是运用人的六感，即眼、耳、鼻、舌、身、心全面地去接触、体验、思考，也就是要用眼睛看，要用耳朵听，要用鼻子闻，要用舌头舔，要用身体接触，更要带着目的和觉知与万事万物进行连接。

看到才能想到，知道才能做到。慧眼不是天生就有，需要后天养成。培养孩子的观察能力，就要有观察的对象、方法、深度。我们先来看看默其的观察力训练过程吧。

《小鸟蓝迪》开篇写道：

> 春天到了，一粒粒种子发了芽儿，一棵棵树木开了花儿，一滴滴雨点也唱着歌，落到了人间。小鸟蓝迪从蛋里跳出来了。这是一只瘦弱的小鸟，在兄弟姐妹中挤来挤去，怎么也吃不到虫子。它一直张着的小嘴巴，总是被结结实实地堵在大伙儿屁股后面，鸟妈妈也拿这个孩子没办法。终于有一天，后面变成了前面，蓝迪扑通一声被挤出了鸟窝，掉到了一户人家的阳台上。

这段文字中，孩子感受到了春天的欣欣然，小鸟和万物一起萌生，一只瘦弱的小鸟被挤出了鸟窝，那之后将会发生什么样的故事呢？当然，后面的内容需要大家去阅读。这里我想告诉大家，故事中小鸟蓝迪的原型是生活中的喜鹊。

我家原来住在一楼，有一块五平方米左右的菜园，里面长着一棵桃树。这块菜园是陪伴默其成长的乐园，它在《梦见兔子》中也出现过：

记忆中的四岁，最美的风景不是如诗如画的西湖，而是雨后在阳光下闪烁的水坑；最有趣的不是游乐园一米四以下不可以玩儿的过山车，而是晾衣架上垂下来的衣服上落了一只蝴蝶；最闲适的不是坐在咖啡厅里吃上一小块提拉米苏，而是炎炎夏日在小园里拿着小木棍尽情地挖土——一方四角天空，不足十平方米的院子，足够我玩儿上一整天。

这块小园子带给孩子许多美好的记忆。冬天吃苹果的时候，我习惯性地打开窗户，把果皮扔到院子里作为绿肥。久而久之，几只喜鹊发现了新鲜果皮，总是过来吃。默其隔着窗口发现了这个秘密，对这些可爱的鸟产生了浓厚的兴趣。记得她曾经问：喜鹊冬天住在哪里呢？在冬日驱车去农村的路上，我们停下来观察喜鹊窝的位置，一路数着搭建在树上的喜鹊窝，以此判断当地的生态环境。我们在校园的树林里看到刚出生的喜鹊灵活地蹦跳，她会好奇地问：为什么小喜鹊是彩色的，大喜鹊是黑白的？默其非常想摸一摸喜鹊，我们就一起学习《少年闰土》里的样子搭了一个纸箱，希望能够扣到一只喜鹊，可是从来没有成功过。你能听出来大喜鹊和小喜鹊的叫声不同吗？我们一起坐在石阶上谛听，大喜鹊是直直的音调，小喜鹊则会高低起伏。很多问题我也解答不出来，但我依然愿意和孩子一起探索这些可爱的精灵，带着问题去自然中观察，去书本中寻找答案。

观察是积极主动的认知活动，是一切知识的门户。科学研究、艺术创作必须建立在系统、周密、精准地观察的基础上，写作也要通过观察来积累素材。曹植在《与杨德祖书》中说:“夫街谈巷说，必有可采；击辕之歌，有应风雅；匹夫之思，未易轻弃也。”这句话是说人们在日常生活中处处能耳闻目睹，在普通劳动者中经常可察觉到有价值的材料，写文章就是对生活的观察、分析、表现。鲁迅先生也说:“静观默察，烂熟于心，然后凝思结想，一挥而就。”古今中外关于观察与写作关系的论述很多。

我们到底该如何观察呢？我认为，观察是运用人的六感，即眼、耳、鼻、舌、身、心全面地去接触、体验、思考，也就是要用眼睛看，要用耳朵听，要用鼻子闻，要用舌头舔，要用身体接触，更要带着目的和觉知与万事万物进行连接。就像默其观察喜鹊，她是带着好奇，持续地去观察喜鹊的颜色、声音、动作等。这与走马观花、道听途说的知识获取截然不同。

生活中培养孩子的观察力，需要注意三个问题。

一是调动主动性。要带着目的和任务，带着好奇和兴趣，积极主动去探寻。很多孩子的观察就是简单地看，只有观的动作，没有察的感受，不能与内心进行连接的看只是过眼云烟。

二是培养理解力。孩子的观察是全息的，是全然地沉醉其中。在孩子不会表达的时候，家长要引导孩子分享观察结果，通过经验讲授、图书阅读、亲身实证等方式加深孩子对观察结果的理解。

三是坚持长期训练。观察能力不是一朝一夕能培养出来的，生活中应处处留意。世间万物千变万化，单一的观察没有代表性，也不容易打动内心。比如对四季的观察，家长可以引导孩子关注一棵树、一片林、一种鸟、一个人，对某一事物的长期的系统的观察，是让孩子走向知觉觉醒的过程。

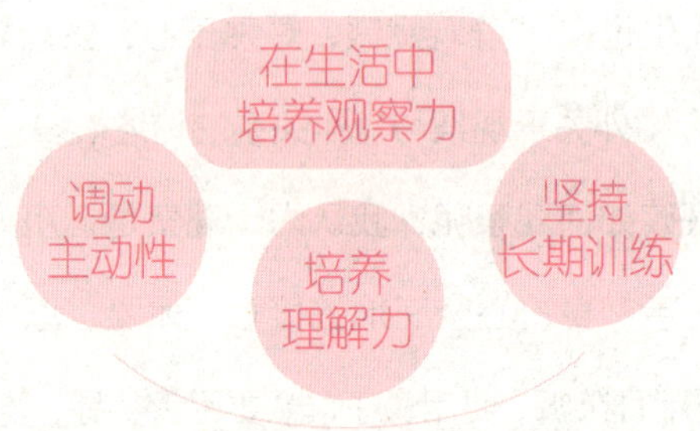

明白上面三点，我们就会知道，观察力培养贯穿于生活之中，每一天、每一刻、每一事、每一物，都是培养观察力的所在。下面，围绕观察力的培养，给大家三个生活小建议。

1. 观察一粒种子的成长

厨房里植物食材丰富易取，可利用花盆种植蔬菜，也可以水培地瓜、洋葱、白菜、萝卜、大葱等。家长帮助孩子选取一样种子，准备好基础材料后，让孩子动手种植，主动照养，观察植物生长变化，并且通过照片、文字、图画等方式做好记录。这项活动可以帮助孩子确定观察对象，培养孩子对植物、对生命的探索热情。

2. 宠物表情整理

让孩子观察宠物的生活习性，分析宠物产生各种需求时的动作、表情，深刻体察宠物的内在世界。比如，一只小狗早晨的状态、见到小主人放学回家的状态、淘气后被批评的状态、吃食物的状态等。让孩子把观察到的表情用文字、表演、绘画等方法表达出来。家长可以和孩子一起查阅宠物养育的相关资料，查找一些描摹动物表情的丰富词汇，那孩子在写相关作文时还能无话可说吗？也许，我们还培养了一位动物研究爱好者。

3. 发现小动作

生活中，每个人都会有一些不自觉的小动作，甚至自己都没有觉察。但在其他人眼里，小动作被看得非常清晰。家庭成员之间开展小动作大发现活动，一家人通过周末的互相观察，先是模仿对方的小动作，再用语言总结出对方的小动作。这样培养观察能力，是不是其乐无穷呢？

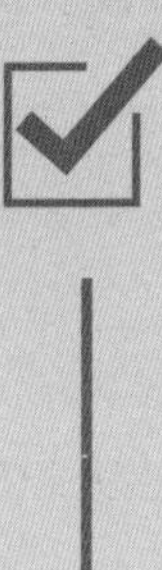

第三节

用心交流，在互动中培养表达力

家长要认真听孩子讲话，允许他们说得慢、说得没有主题、说得语无伦次。家长要肯定孩子看到的、想到的，鼓励他们带着好奇去发现，带着兴趣来表达。

观察是用眼、耳、鼻、舌、身、心与外部连接，是持续的输入。引导孩子将观察结果表达出来，能够激发孩子的表达欲望。输出的过程更需要好的沟通，这才能培养孩子的表达力。

很多家长都是开车接送孩子上下学，这样做的目的一是节省时间，二是相对安全。大家回忆一下，在封闭的车厢里，您和孩子有交流吗？交流的话题开放吗？交流的过程开心吗？

在默其读小学时，除了极特殊情况，我们都是走路上下学。选择走路这种方式，一是可以有效掌控时间，不用考虑塞车因素；二是走路锻炼身体，吃完早饭走一走促进消化；三是走路时身处自然环境心情放松，是高效亲子陪伴时间。

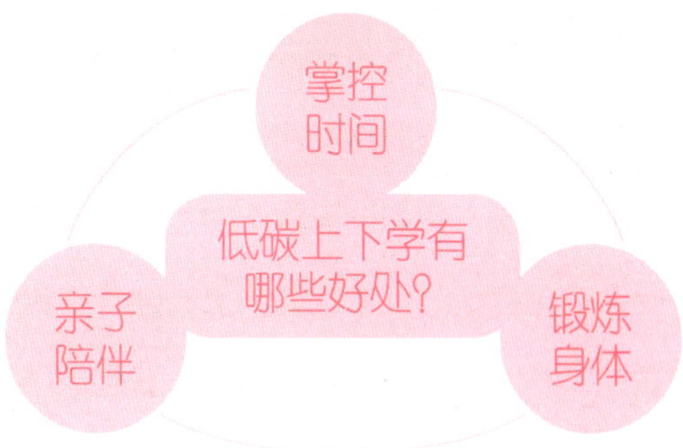

我和孩子的上学路上充满了无尽的美好回忆。我以上学路上为切入点，和大家分享如何与孩子沟通，如何在生活中引导孩子观察和表达。说到这个话题，我特别怀念那段牵着肉乎乎的温润的小手上下学的日子。每天上下学的路上，我都会设想一个有趣的话题和她进行交流。交流内容大致包括三个方面。

1. 学习内容方面

她喜欢背古诗，我们就在路上复习古诗词，共同去感受“草色遥看近却无”的春色，共同去想象“少小离家老大回，乡音无改鬓毛衰”的场景，在经过一家饭店时体会“遥知不是雪，唯有暗香来”的感受。当然，也可以是数学、英语、语文等各学科内容。就拿数学来说，我们曾经数过从家到学校有多少棵树，然后观察枫树多少棵、杨树多少棵等。

2. 自然感受方面

自然万物千变万化，随时感受四季更迭、风霜雪雨，在每一种变化中增加身体体验。比如一天放学时正下着小雨，我只有一把伞。刚开始，我刻意把伞打在她的头上，她看到我的衣服湿了就跑到雨中说：“小雨点掉在身上凉丝丝的，我想像小猪佩奇一样蹦泥坑。”那一刻，我蹲下来对她说：“你真是个善解人意的鬼精灵，妈妈好爱你。”我们不慌不忙地走在小小的雨中，亲情、感觉都是自然的滋养。秋季，我们会在放学路上收集落叶，观察它们的颜色、形状，回到家里压成标本，然后制作成标本画，那是充满创意的美好时光。

3. 生活百态方面

我们注意街边店铺的变化，一起观察迎面而来或骑车或走路的人，一起数上学路上遇到的各个品牌汽车有多少辆，等等。其中最好玩儿的一件事是，孩子每天放学都特别饿，想吃校门口的烤冷面。我不想买，可怎么能断了她的念头呢？回家路过一所职业中专门口，总有固定的摊主卖各类小吃。我故意放慢脚步，让她观察摊主的穿着——有点儿脏；做东西的厨具——有点儿脏；闻一闻空气的味道——确实诱人。经过几天渗透后，我们在一个煎饼果子摊主那儿消费了一次，孩子全神贯注地观察整个制作过程。摊主好像很配合似的扭了一下鼻涕又继续工作，从此以后，她再也不想吃那些食物了。当然，她对食物制作过程感兴趣，我们站在一边观察摊主的动作，深刻理解捏鸡蛋、摊薄饼、卷起来的行云流水，然后再回家练习。默其喜欢参与做饭，四年级就已经会擀饺子皮、包饺子了。

在上学路上我们经历过的事情非常非常多，每件事情的经历都离不开语言的引导。在语言交流方面，要注意以下几个方面。

1. 用心交流

家长要认真听孩子讲话，允许他们说得慢、说得没有主题、说得语无伦次。家长要肯定孩子看到的、想到的，鼓励他们带着好奇去发现，带着兴趣来表达。

2. 倾听姿态

孩子的世界五彩斑斓，他们看问题的视角和大人完全不同。家长要带着开放的观念去引导，不设置条条框框，不否定孩子的奇思妙想，适当地参与和引导就足够了。孩子只要说话就是在动脑，只要表达就有成长。

3. 包容自在

上学路上，孩子带着愉悦的心情走进校园；放学路上，孩子释放完压力回到家中。这一路上就是情感的能量场，是孩子自由自在地奔向目标的过程。不用时间来限制孩子，不用语言贬损孩子，而是用正向语言激励和引导，他就像一块能量饱满的电池，充满活力。

4. 语言新鲜

很多家长思想凝固、语言贫乏，放学以后除了问“今天考试没？中午吃的啥？开不开心？”这类无趣的问题外，不知道如何和孩子寻找话题。其实，孩子最需要家长的启发，家长要做一个多面人，总能带给孩子不同的话题。比如接孩子放学时，可以从孩子的情绪入手谈，也可以从自己白天读到的一句话讲起，更可以一起体会自然景物。

要让孩子觉得家长是有趣的人，孩子也在有趣的交流中学会了不同风格的表达方式。家长的话匣子打开了，孩子的话匣子也会被打开。

生活中很多家长反映“孩子和我没话说”“我一张嘴孩子就嫌唠叨”。其实出现这些问题都和父母的日常表达方式有关。冰冻三尺非一日之寒，想解决这样的问题还需要家长处理好和孩子的关系。继续给大家三个家庭互动小建议，既可以改善亲子关系，也可以开拓孩子的思维，培养孩子的语言表达能力。

1. 召开吹牛大会

这是非常喜悦的游戏过程。大家围绕一个话题开始吹牛，牛皮吹得越大越好，细节吹得越实越好，如果将吹牛话题引到理想上来，那就更有意义了。在整个吹牛过程中，不评判、不否定，就是要天马行空、自由驰骋，将不相干的问题联系在一起，将不可能的事情描述出来。这项游戏对于刺激脑神经发育非常有好处。

2. 回忆诉真情

可以选一个安静、闲适的氛围，父母和孩子共同回忆生活中难忘的事情、好玩儿的事情。回忆过程要深入细节，投入真情。家长对孩子的表达要给予尊重、肯定、鼓励，这将有利于增进感情，化解纠葛。

3. 不夸不说话

大人和孩子都需要肯定和鼓励。在生活中如果学会真诚赞美，不夸不说话，不但可以培养孩子学会感恩，也对改善彼此关系非常有益。具体做法是：当你提出一个问题，对方做出回应之后，你一定要先赞一下，赞完之后再去问一个问题。这样做的原因非常简单，就是每个人在聊天的时候，都希望得到对方的肯定和回

应。比如说大人和孩子可以这样对话：

大人："作业写了没？"

孩子："写了一半了。"

大人："时间分配挺合理呀！剩下的啥时候写？"

孩子："这局游戏打完就写。"

大人："时间安排得有张有弛，真不错。"

孩子："妈妈晚饭什么时候好呢？"

大人："还有二十分钟，豆角还要炖一会儿。"

孩子："妈妈做的菜最好吃。"

如果她说："我现在就饿了。"大人提醒她："不表扬我一下，饭菜可能没味道哟。"孩子马上会反应过来肯定妈妈。

上面的对话始终按照提问、回答、赞美这三个步骤进行。在这种语言模式训练早期，要带着游戏的心态进行。当我们习惯用这样的方式去回应彼此的时候，你就会发现，家庭关系真的在不知不觉中改善了。

第四节
参与劳动，在家务中培养内驱力

孩子的内驱力来源于父母无条件的爱和成长中的肯定与赞美。一个在“只负责学习，其他什么也不用做”的氛围中长大的孩子，感受不到来自父母无条件的爱，没有机会在成长中获得足够的肯定和赞美。

默其是一个非常独立的孩子。她学习不用人看，做事不用人催，生活安排得井然有序。既没有为了考试熬夜苦战的时候，也没有考完试放纵玩耍的时候，她总是按部就班地做着各种事情。独立的品行来源于从小对她的教育，更多是在生活中允许她参与到家庭生活的方方面面。

大家是否发现了这样的现象？孩子幼儿园时的理想是当科学家、飞行员，小学时的理想是上北大、清华，初中时的目标是985、211，高中时的目标是考上大学就好，大学时的愿望是毕业有份工作，毕业以后就变成了活着就好。很多人大学毕业就失业，窝在家里成为啃老族。

我想，孩子的理想越来越低，这不是对生活的臣服，而是没有培养起照顾自己人生的能力，内驱力没有被激发出来。

孩子的内驱力来源于父母无条件的爱和成长中的肯定与赞美。一个在“只负责学习，其他什么也不用做”的氛围中长大的孩子，感受不到来自父母无条件的爱，没有机会在成长中获得足够的肯定和赞美。孩子在成长中需要学习照顾自己生活的各项技能，整理物品、制作食物、清理卫生，这是独立生活最基本的条件。

在小学阶段，常见到这样的作文题："第一次______""难忘的一件事""我的妈妈"等。这类以写人记事为主的记叙文，要求文通字顺、前后连贯、突出主题，说白了就是把记叙文的六要素（时间、地点、人物、起因、经过、结果）交代清楚。但很多孩子根本不知道写什么，其症结就在于孩子缺少生活，没有经历过、没有感受过又怎么可能写得出呢？

《梦见兔子》是默其初二寒假完成，然后画了近一年插画才出版的作品。这部小说带有自传性质，其中很多细节来源于日常生活。我们先来欣赏一下作品的第一章：

我，洛瑶，那时才四岁。茶叶在刚刚烧开的热水中打着圈，绿绿的，很好看。我盯着那一片绿叶，好奇地看着加入水中的茶叶，由初入水中的蔫巴褶皱，到缓缓舒展，最终降到杯底，然后又提升到中间，宛如优美的舞者，也似湖中的绿影。手中的白兔子玩偶——阿月，两颗黑黑的眼睛，也专注着这奇妙的过程。

我将阿月放在了脚边，轻轻地捧起了杯子。杯壁很热，水汽中飘散着沁人的醇香。味道很特别，和甜甜的茶饮料，与妈妈配制的"良药苦口"的药汤，都似乎有那么一层薄薄的联系，可又是那么的不一样。会是什么样的味道呢？我不禁将嘴凑过去，胡乱地吹几下，然后把夹杂着茶叶的淡淡绿色的茶水，一下子喝了下去。妈妈看着我，笑眯眯的眼神里有一些吃惊，也有一点儿吃药般的鼓励。

茶是怎样的味道哇？苦苦的，舌尖舔过残余在齿间的茶叶，更是干涩。说好的清香、甘爽、醇厚去了哪里？我瞪大了眼睛，忙拿起水杯，倒上了一杯凉白开喝下去，才缓解了茶的味道。不过，口气突然有一点儿说不出的清新，于是我又小口喝一点儿茶，大口喝一杯水，来来回回地折腾。

剧透一下，“洛瑶”是默其曾经用过的名字。在这段喝茶的文字中，有一个小孩儿对泡茶过程的细致观察，有对初次喝茶水的体验描写，尤其是喝一口茶再喝一口水的过程，和她小时候的表现如出一辙。

这里我想问：你敢让四岁的孩子自己倒开水吗？你能慢慢地等着她去体验这种感觉吗？

多数家长不敢让四岁孩子自己倒水泡茶，甚至孩子喝一杯水，也要家长准备好、晾到最合适的温度再送到孩子手上，还要顺带提醒一句“别弄洒了”。生活中，替代成长已经成为家庭教育的最大问题。在父母营造的真空环境下长大的孩子，失去了与真实世界接触的机会，失去了自我成长的机会，“空心病”的根源也在这里。孩子的内驱力来自成长动力，只有你让他成长了，才能够有驱动力。一个被牢牢控制的孩子，想成长都没有机会，慢慢就会变得接受别人的安排。

关于做家务，我分享三个观点。

1. 有体验才有成长

孩子靠体验来获取知识，最好的教育就是在保障安全的情况下让孩子去尝试。自己的事情自己做，能做的事情允许做，做好了肯定，做坏了包容。一个爱动手的孩子头脑也会很灵活。

2. 有放下才有自由

放下对孩子的操控，孩子才能自由地感知饥饿、寒冷、危险，才能被激发自己照顾自己的主动性。早一点儿放下对孩子的牵绊，就是早一些给孩子成长的自由。温室里的花朵不能永远长在温室之中，越早放到自然环境中，适应能力会越强。

3. 少说教才能多实践

很多家长习惯对孩子进行说教、讲道理，以为把道理告诉孩子她就会接受。这是非常错误的想法，因为“纸上得来终觉浅，绝知此事要躬行”。比如，你对孩子说一千遍“别马虎”，不如静下来教她如何读题、如何计算、如何验算。有了示范和陪伴，孩子就会减少“马虎”的现象了。

在孩子的成长中，可以在家庭里创造各种体验场景。我以刷碗这件小事来给大家分享如何引导、启发孩子做家务。

1. 做好思想动员

没有做家务习惯的孩子，家长要先做好引导准备。可以通过生活启发的方式进行，说：“妈妈第一次洗碗是在五岁，当时还弄破了一个碗，你要不要尝试一下呢？”可以主动发出邀请，说：“妈妈今天有点儿累，能不能和妈妈一起收拾厨房呢？”可以进行生活规划，说：“从过完十岁生日起，你有资格参与一项家务劳动，今天和我一起洗碗怎么样？”

做家务是一件自然发生的事情，也要让其有趣而自然地发生，这样孩子更容易感受到成长的快乐。

2. 教会劳动方法

没有劳动经验的孩子，当然不知道怎样做。要先教给孩子洗碗的过程、方法。比如：第一步，按照餐具类型分好类再放到水池边；第二步，要用百洁布和洗洁精对油脂类餐具进行清洗；第三步，每个餐具都要里外清洗干净；第四步，洗完餐具应按顺序收好；第五步，对水槽周边、地面进行最后清理。讲授洗碗的过程和方法，最好是妈妈一边示范，一边让孩子观察，然后让孩子再来描述一下具体步骤。

3. 开启劳动过程

第一次洗碗，无论孩子做得怎么样，家长都需要给予鼓励、肯定，让孩子感觉非常有趣、乐于参加。家长可以根据情况，先让孩子参与其中的一个环节，然后再一点儿一点儿地完成整个劳动流程。保护劳动兴趣，肯定孩子的积极主动，这是最重要的。

4. 交流劳动感受

耐心地听孩子分享劳动中的感受，如果孩子无话可说，家长要善于启发性提问。比如：“你知道按顺序洗刷餐具真棒，觉得哪一种餐具更好清洗呢?”“你洗碗时候的表情特别专注，是不是用了好大的力气呀?”“餐具洗得干干净净的，是不是特有成就感哪?”交流环节非常重要，是启发思维、培养习惯的重要环节。

清洗餐具只是家务里很小的一部分，大家可以按照上面的步骤来引导孩子做其他的事情。做家务除了能锻炼孩子自己照顾自己的能力，也能帮助孩子在生活实践中积累生活经验。家长和孩子一起分享劳动和成长感受，既积累写作素材，也激发内驱力。围绕家务给大家分享三个亲子小游戏。

1. 竞赛做家务

增加做家务的趣味性。比如假期里，可以将家务分成收拾物品、清洗餐具、清洁地面等几项工作，通过抓阄儿、投飞镖、扔骰子等多种方式，确定每个人的分工范围。通过游戏方式确定家务内容，会让枯燥的家务增加趣味性。

2. 周末小管家

让孩子规划节假日一天里的生活，包括饮食、游玩、家务等，充分听取孩子的意见，协助孩子通过清单的方式把规划记录下来，然后一样一样去执行。在这个过程中锻炼孩子的统筹思考能力，也锻炼孩子的逻辑思维能力；当然，有这样宏观架构能力的孩子语言表达、写作能力也会得到提升。

3. 美食全程看

引导孩子关注饮食安全需要从小做起。家长可以带着孩子去农村参与蔬菜种植、采摘，带着孩子去菜市场选择各种蔬菜，在家里水培植物或养殖菌类，食材采购后让孩子帮助进行清洗，和孩子一起研究蔬菜如何搭配做出菜肴。

让孩子看到蔬菜从种植到被端上餐桌的过程，引导孩子观察、了解各种蔬菜的特点和营养价值，这是不是很有意义呢？

家长陪伴孩子做家务、当管家、去采摘，所有行为的目的都在于引导孩子在生活中善于观察、肯于动脑、乐于实践。孩子只有参与到生活之中，才能够生发出真实的感受。记得默其五岁时在家里走着吃苹果，苹果汁掉在地上会发黏，落上灰尘便呈现出黑色的点点。我让她拿着抹布去擦拭，告诉她以后不要走着吃水果，掉在地上的东西要及时清理。孩子有了这次体验，再也没有出现过往地面随意滴水的事情。

一个处处用心的孩子如同破土而出的种子，成长动力十足。

第五节

广泛涉猎，在阅读中培养思辨力

阅读是一个慢功夫，也是一项真功夫。家长要明白：不是阅读没效果，而是读书不够多；阅读是个精细活儿，知识内化需点拨；阅读是写作基础，开卷总会有收获。

写作离不开听说读写的综合训练。前面从生活实践出发，分享了如何引导孩子观察、增加交流话题、积累生活阅历，这些看起来与写作无关，实际上解决了无话可写的问题。下面我们来谈谈怎样将阅读与生活联系在一起，培养孩子的思辨能力。

阅读是儿童精神成长的重要手段，这里给大家分享两个阅读带来价值的小故事。第一个故事发生在默其四岁，她和一个五岁的姐姐在小区健身区玩儿。小小的她在玩儿踏步机时碰到了小姐姐，小姐姐跑到父母面前说："她踢到我了。"站在一旁的我有点儿尴尬，没等我道歉，默其抬起头问："妈妈，她不懂得自我保护吗？"我们几个大人都愣了片刻，那孩子家长说："是呀，小妹妹问得对呀。你要是躲开就踢不到你了，自我保护很重要呢。"就这样，两个孩子又一起去玩儿了。家长问我："她这么小怎么就懂得了自我保护？"当时默其正在读《罗林历险记》，这套书里渗透了很多自我保护的内容。孩子能将书中的知识应用到生活中，让我初次认识到阅读的重要性。

还有一件事发生在五年级下学期。去试听奥数课，老师在黑板上出了两道题，说谁要能答出来就相当于小学毕业。老师刚把题目写完，默其就举起小手说出了答案。当时老师、家长和同学都非常惊讶。老师问默其是如何思考的，默其说："一本故事书中出现过类似的内容，我们题目讲的是金条，那本书里写的是木棍。"

从这次课堂反应，我才深深感受到，阅读不仅仅是提高语文能力，对智力开发、理科学习也非常有好处。

默其在没有刻意补课情况下，五年级顺利通过育才少儿班的一模考试，在复试阶段以很少分差惜败。

发生在默其身上的两件事，充分说明了阅读对孩子潜移默化的影响。知乎上有一段关于阅读的问答特别经典。问：“我读过很多书，但后来大部分都忘记了，读书的意义是什么？”答：“当我还是个孩子时，我吃过很多食物，现在已经记不起吃过什么了。但可以肯定的是，它们中的一部分，已经长成了我的骨头和肉。读书对人的改变也是如此。”是的，读书的意义，不在于我们眼睛能够看到的成长，更是一个人精神内核的塑造和人文气质的养成。

每每在分享阅读时，都能感受到家长对儿童阅读存在困扰：一是孩子看了很多书，为什么还不会写作文；二是孩子学习没搞好，还有必要看课外书吗；三是孩子只想看课外书，不爱学习怎么办。

1. 针对第一个问题

孩子看了很多书还是不会写作文，这种情况并不奇怪。一是孩子在读书中只看了文字，没理解内容，读得很肤浅，没有沉下来体验。前面我和大家分享观察、沟通、做事，一直在传递家长和孩子在生活中良性互动的重要性。阅读也是一样，家长要引导孩子去思考、去分享、去感受才能内化于心。就像默其答对数学题那件事，她一定是在阅读图书中动脑思考、反复琢磨，如果仅仅是当成故事读，肯定不会快速回答出问题。唐代诗圣杜甫曾说："读书破万卷，下笔如有神。"这个"破"字就形象地说明了读书要读得透彻，读到一定数量，才能达到炉火纯青的地步。还有，家长认为孩子读了很多书，这只是自己以为。阅读真正达到一定量，一切都会自然流淌。默其小学阶段每天读书不低于两个小时，累计读书过千册。所以提醒大家，不管现在孩子写作水平如何，一定要保障孩子充足的阅读时间。

2. 针对第二个问题

孩子学习都没搞好，是否有必要看课外书？这个问题看起来是因果关系，但实际情况是：没有时间看课外书的孩子，一定搞不好学习。试想一下：如果一个孩子全部精力都用在学校课本上还不能取得好成绩，那肯定存在学习障碍。残酷的现实是，孩子的多数时间被课外学习、才艺训练占据，读课外书成了可有可无的事情。家长要想让孩子学习好，一定要养成好的阅读习惯。一个爱看书的孩子才可能爱上课本学习，无数事实也证明，这是最重要的成功经验。

3. 针对第三个问题

只想看课外书，不爱学习怎么办？这是一个甜蜜的烦恼。甜蜜在于孩子有良好的阅读习惯，只要读书内容不黄、不偏、不暴力，请你相信开卷有益。家长可以观察孩子喜欢哪类读物，然后有倾向性地加以引导，相信孩子会有闪光时刻。不爱学习是一种很宽泛的定义，家长要明确孩子“不爱学习”到底是为什么；是哪科不爱学，还是全都不爱学；不爱学到什么程度等。

> 家长只有摸清底数，才能有的放矢地加以调整，很快就会解决问题。请你相信一件事，阅读不是不爱学习的原因，顶多是一个表象。

一个朋友的孩子，在初中二年级时很喜欢《斗罗大陆》，不想去学校上学，写的作文也不符合考试要求，家长非常着急。我建议他先和孩子聊一聊是不是在学校遇到了什么困难，再通过同学家长了解孩子在学校表现。后来才知道，原因是孩子不喜欢英语老师，在一次课堂上公开顶撞，老师当着全班同学说："以后你不要来上学了。"家长了解情况后，积极请求老师理解，班主任帮助师生化解情绪，孩子很快回到学校。老师给孩子的评语是："思维活跃有主见，情绪冲动难把控，如果真能够参透道家的'道'，相信你的未来是康庄大道。"这个例子可以看出，表面是孩子沉迷于课外书不想上学，真相是孩子在学校遇到了人际困扰，当我们抓住了核心问题，就不会把课外书当成替罪羊了。后来，这个孩子考入了市里最好的高中。

阅读是一个慢功夫，也是一项真功夫。家长要明白：不是阅读没效果，而是读书不够多；阅读是个精细活儿，知识内化需点拨；阅读是写作基础，开卷总会有收获。阅读是培养孩子思辨能力的重要方法，多读书才会明是非、辨方向、定目标，站在巨人肩膀上的成长是一条快车道。结合阅读分享三个培养思辨力的小建议。

1. 开展家庭辩论会

辩论是开拓思维、整合知识、提升表达的过程。家庭中可灵活安排辩论时间、主题、队员组合，营造开放、平等、友爱的辩论氛围。辩论题目最好提前确定，双方对辩题有充分准备。围绕阅读书目开始辩论更能起到深化阅读的效果。在默其不喜欢读名著的时候，她和爸爸开展了一场专题辩论，效果非常好。注意，为了避免家庭辩论会变成争吵大会，可以邀请好朋友一起参加。

2. 共读一本书

家长和孩子将自己认为的好书推荐给对方，每个学期大人和孩子共读一本书，围绕一本书进行深入讨论。因为阅历不同，对图书理解差异很大。讨论过程是双方的精神交流，也是彼此的互动了解。家长在共读交流时要放低姿态，少些批评，多些认可，鼓励孩子敢于表达真实的想法。

3. 我当朗读者

《朗读者》是深受电视观众喜爱的一档节目，每个家庭可以参考开辟朗读时间。一家人固定在饭后、睡前选择经典的诗歌、美文进行朗读，共同感受语言文字的美好，营造温馨有趣的书香氛围。可以配合主持人串场、精彩点评、分角色朗读、现场采访等环节，让每个朗读时刻都充满吸引力。

第六节

选书有方，在实践中培养鉴赏力

读好书离不开对书目的选择，从书目选择可以看出孩子的兴趣爱好和图书鉴赏能力。在阅读能力培养阶段，家长要注重保护孩子的阅读兴趣，千万不要强迫孩子阅读某类图书。

要想写作好，还要有技巧。写作技巧从课堂中去学习，那是移花接木，未必活学活用；技巧从阅读中获得，那是水到渠成，自然灵活自如。读书好、读好书、好读书，这是一套从动因、行为到结果的系列过程。读好书离不开对书目的选择，从书目选择可以看出孩子的兴趣爱好和图书鉴赏能力。

一般情况下，家长喜欢为孩子购买经典名著。名著经过历史检验而成为经典，确实有思想价值和艺术价值，但由于名著距离现在生活比较远，孩子往往不理解作品的历史背景和思想内涵，并不喜欢阅读。强迫孩子读名著，有时适得其反。

选择童书主要有以下几个渠道。

第一是推荐书目。搜集分级阅读书目、机构推荐阅读书目、各类图书排行榜、阅读类 APP 推荐等，综合选择一些好书推荐给孩子。

第二是朋友推荐。记得一个育子有方的爸爸告诉我，在女孩儿 12 岁左右一定推荐她读金庸小说。我接受建议，给孩子购买了一套全集，当然孩子也特别喜欢。

第三是现场选择。我经常带孩子逛书店、去图书馆、参加书市，增强孩子对图书市场的直观感受，现场选择自己喜欢的图书。

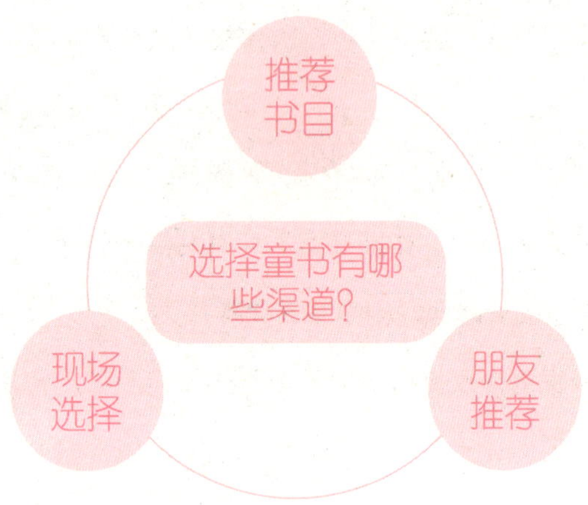

在阅读能力培养阶段，家长要注重保护孩子的阅读兴趣，千万不要强迫孩子阅读某类图书。大量阅读是学会选择的前提，读得多了，孩子就会发现兴趣所在，也能判断图书好坏。

1. 适合的才是最好的

家长要对孩子的阅读能力有客观评估，不能看别人读什么就给孩子读什么。要看孩子能读懂什么、喜欢读什么，再给他提供什么。阅读和数学学习不一样，数学学习具有严密的逻辑性，课外阅读可以超越年龄的局限。比如，朋友孩子三年级就已经读过中国古典四大名著，尤其喜欢《三国演义》。有的孩子三年级还没有建立起阅读习惯，那就需要从故事性和知识性兼具的读物入手。

家长要以一个辅导者、建议者的角度来“帮助”孩子选购图书，尊重孩子的兴趣选择，把选书的主动权交给孩子，这样孩子才能收获最大值的知识。

阅读书目不要刻意拔高，要注意把握文字和图片的比例，文字应该是儿童阅读的主角。

2. 每个月精读一两本书

有的孩子读书非常快，几个小时就可以读完一本书，读过了就放在一边。建议家长引导孩子每月回顾读过的书目，选择印象深刻的一本反复阅读，真正汲取书中的精华。默其很喜欢曹文轩的作品，她喜欢细腻的环境描写和生动的人物刻画，每隔一段时间，都会重新阅读一下。图书精读的方法很多，可以摘抄优美句子、网络搜索精彩书评、自己写读书体会等。书评是关于图书创作、出版、艺术价值等内容的综合评价，阅读书评可以有效提高图书鉴赏能力，建议大家多多使用。

3. 选择书目要开放

孩子的阅读能力在提高，阅读兴趣也在转变，家长要用发展的眼光看待书目选择，拓宽渠道给孩子提供充足的阅读资源。个体的认知有一定局限性，家长可以组织一些小型的读书会，在班级建立读书角，组织图书漂流活动，在互动交流中开拓选书的视野和角度。这里有几点提醒：一是不要贪图便宜选择图书；二是要选择正版图书；三是少迷信权威，多相信大众，好书一定是口碑相传的。

关于如何选到适合孩子的好书来读，给大家三个生活小建议。

1. 确定家庭选书日

周末固定读书时间，带孩子到图书馆、书店自由阅读，将自己真正喜欢的图书带回家。我个人非常喜欢逛书店，喜欢带着目的去找书。书店展示的图书多是畅销书，看起来比较直观，可以打开图书简单浏览，判断是不是真正想要购买的图书，减少购买图书的盲目性。网络购书容易陷入“标题党”，买回不看也是浪费。充分利用图书馆借书也是一个不错的选择，每周去图书馆借书、还书，不仅能有效提高阅读速度，也可以降低读书成本，是环保高效的好方法。

2. 组织阅读社群交流

家长帮助孩子建立读书社群，线上分享阅读书目、心得，线下交换阅读样本，组织各类活动。丰富多彩的读书社群可以帮助孩子以书会友，净化圈子，孩子们也在社群活动中承担责任、锻炼能力，提升综合素质。非常建议家长朋友协助孩子组织社群交流。

3. 建设家庭图书馆

家长和孩子利用周末共同整理家庭藏书。整理过程中，一是要建立图书目录，将留下的图书按照一定顺序归类摆放；二是要妥善处理废弃图书，旧书可以放在二手网站销售，也可以送给需要的朋友，最好不要当废品扔掉；三是整理过程重在交流，遇到心仪的图书，可以停下来阅读，共同分享其中的内容。家庭图书整理不是一蹴而就的事情，整理的目的既是要有秩序地摆放图书，更是要在整理中与孩子进行交流。如果家长在整理书本中向孩子推荐自己认为有趣的书，并能讲一讲关于这本书的故事，孩子可能顺手就接过来阅读了。

第七节
强化训练，在输出中培养写作力

孩子将阅读获取的知识应用于生活之中，也会将阅读得到的收获应用在写作和表达里。

教育家叶圣陶说过：阅读是吸收，好像每天吃饭吸收营养一样，阅读就是吸收精神上的营养。写作是表达，把脑子里的东西拿出来让大家知道，或者用嘴说，或者用笔写。阅读和写作就是吸收和表达的关系，阅读吸收越充分，表达就越贴切、详尽。的确，阅读是长根的事业，写作是开花的事业。从长根到开花需要时间，也许是数月，也许是数年，也许是更长时间。有的植物终生也不会开花，但并不妨碍生命本身的价值。

2013 年春节，我们和三个家庭组织了一次安徽自助六日游。出发之前，默其自己准备衣物以外的旅行用品。她在随身包里携带了哨子、铁丝、创可贴、放大镜、砂纸等用品。大家很好奇一个女孩子出门带这些东西干吗。她饶有兴趣地给大家介绍：自助旅行中，如果走失了可以吹哨子求救，野外需要固定物品时会用到铁丝、取火可以用放大镜、受伤了可以用创可贴、做拐杖可以用砂纸。

听完她的介绍，大家都惊讶于她的自我防护能力和对旅行风险的评估。后来在爬黄山的过程中，她所带的用品都派上了用场：采了一段树枝用砂纸打磨好做成旗杆，用铁丝将队旗固定在旗杆上，她吹着哨子整理队伍，大家一路上玩儿得特别开心。这些细节也都写在了她的旅行日记中。

这段经历与阅读方法无关，是阅读成果转化的生动实践。她的物资准备方案完全来自课外阅读。七八岁的孩子很喜欢看野外生存、探险类的图书，也喜欢实践其中的一些方法。比如如何通过树木阴影判断时间，如何利用植物做掩体帽子，如何快速搭好帐篷。带着这些知识和思考，户外运动和旅行多了很多很多的乐趣。

当然，这样的事情在她的小说中也有体现。《小兽》第 73 页《玩耍》一节，主要写小兽和潘潘在被追逐的路途中暂时的休息和玩耍。她写道：

> 大树下，小兽和潘潘各自叼起两根几乎垂到地上的藤，潘潘衔着两根藤蔓的末端，脖子左摇右摇，竟然打成了一个结。小兽试着坐在上面，快乐地玩儿起了荡秋千。

这一段描写，就发生在我们的生活之中，而对于秋千的兴趣，起源于一本绘本——《鼠小弟荡秋千》。

孩子将阅读获取的知识应用于生活之中，也会将阅读得到的收获应用在写作和表达里。

这中间的转化，就像上面分享的故事一样，要让孩子有丰富多彩的生活，要看到孩子在生活中表现出来的思想和智慧。抓住时机充分肯定和赞许孩子，他将会更加爱阅读，写作资源也会更加丰富。

我们知道，表达是阅读的外化，写作是阅读功力的展现。要想提升将阅读转化为写作能力的效果，给大家提供三个非常好用的方法。

1. 复述

写作和作文是两个概念。作文带有很多套路，家长若想通过阅读快速提高作文能力，最好的办法就是精选优秀作文推荐给孩子，让孩子在阅读后尽量用原文复述出来。同一题材的作文孩子能够复述三篇，基本就能够掌握相关写作技巧了。复述是“讲”的最高阶段，可以复述精彩情节、复述优美语句、复述作品开头、复述对于某个人物的描写等。家长要启发孩子从不同角度来复述图书内容，每一遍口头输出都是阅读内容的有力内化。复述得多了，文字积累丰富了，想象空间拓宽了，写作时就不会无从下笔了。

2. 续写

爱写作的孩子都有续写故事的冲动。我认识一个小朋友，四年级续写《西游记》，可谓情节连贯、语句通畅、构思奇妙，生动地展现了一个小朋友对《西游记》的深刻理解。试想一下，续写过程中，孩子首先要熟读原著，掌握语言特点；其次要认真构思，推进故事情节；最后要字斟句酌，勤于输出。续写过程中孩子处在主动思考状态，这就是最好的学习。家长要鼓励孩子自由地去续写，只感受写作乐趣，不在意最后结果。默其的《小兽》是一个非常开放的故事，她曾经想过继续写下去。现在如果你的孩子愿意，可以续写《小兽》，我和默其会点赞的。

3. 仿写

如果孩子在小学三四年级出现了写作困难，家长一定要分析原因，帮助孩子学会转化阅读内容。阅读时，多数小孩儿喜欢故事书，注意力放在有趣的故事情节上，对写作方法、优美语言关注不多，甚至会跳过细致优美的景物描写去追赶情节。我们要有针对性地帮助孩子发现阅读中好的内容，教孩子学会如何内化。比如，有的学生很会写记叙文，故事信手拈来，但不会写说明文；这时家长可以为孩子提供科学读物，建议孩子阅读产品说明书，锻炼孩子将事物说清楚的能力。必要情况下，孩子可以仿写相关作文，在仿写训练中掌握基本作文方法。记住，家长永远不要给孩子贴上不会写作文的标签。孩子不是不会写作文，只是还没有能力写好作文。耐下心来去寻找方法，路径非常非常多。

围绕阅读内容的输出，这里给大家提供三个生活小建议。

1. 学写阅读笔记

给孩子提供一个专门的阅读笔记和一个固定的笔记模板。笔记模板基本要素如下：

书名：《　　　　　》	作者：
出版单位：	字数：
购买时间：	购买地：
主要人物：	
最喜欢的内容：	
对这本书的评价：	

上面的内容可以做成表格。当然，还可以根据实际情况对读书笔记内容做出调整。孩子刚开始写阅读笔记会比较困难，但只要坚持记十本以上，就会产生非常强的成就感，再记笔记的时候

会有更丰富的想法和内容。

2. 积累好词好句

给孩子准备一个漂亮的本子，引导孩子将阅读中遇到的好词、好句摘抄下来，也可以有针对性地搜集名人名言、警句俗语等。摘抄之前的选择是鉴赏过程，摘抄是强化输入，日后的阅读是高效学习。默其初中语文老师要求孩子每周进行摘抄积累，孩子觉得特别受益。

3. 阅读佳作点评

点评是站在上帝视角看问题，更容易看清全貌。当一个人鉴赏力得到提高，知道什么样的文章好，好在哪里的时候，自己写作时更具有方向性。孩子的佳作选择有三个渠道：一是孩子被老师肯定的作文，要让孩子大声读出来，家长要具体表扬哪里写得好；二是老师推送的班级优秀作文，家长和孩子要共同分析好在哪儿，让孩子认识到自己并不比他差多少；三是通过媒体渠道，家长选择和孩子年龄段相符的优秀作文，帮助孩子像做阅读一样分析好作文的布局谋篇、开头结尾、遣词造句，从中吸收营养。好的优秀作文分析完之后一定要让孩子复述，复述多了就成了自己的文章。

第八节

说说写写，陪伴滋养丰富情感

当有一天孩子不知道怎样写日记，不知道写什么日记，不知道难忘的一件事、有意思的一个人的时候，你就可以翻开日记本，给孩子提供丰富的素材，这是最好的言传身教。

每个孩子都是天生的故事高手，他们天真无邪的童言稚语，成为很多父母的欢乐源泉。可是随着时间推移，我们会忘了孩子说过的有趣的话。如果不注意语言能力开发，孩子会慢慢变得语言贫瘠、思想匮乏。家长要注重从小培养孩子的语言表达能力，从“我帮你”记到孩子独立写，这会成为家族里最宝贵的财富。

军旅作家胡世宗出版了一本家庭教育类图书《15 岁的剑桥生》，讲述了 15 岁就被剑桥大学录取的外孙子的教育培养过程。胡世宗是我非常推崇的作家，他坚持天天写日记 70 余年，所有日记被沈阳市档案馆永久收藏，出版过各类图书 50 多本。他的儿子胡海泉也有记日记的习惯，唱歌、投资之余，先后出版过多部作品；女儿一家喜欢读书，外孙更是出类拔萃，15 岁就被剑桥大学录取。这家人的最大特点就是喜欢写日记，在坚持不懈的写作中塑造了三代人的优良品质。《15 岁的剑桥生》里面很多内容来自日记整理。如果不是持续地写日记，恐怕很多事情都回忆不起细节了。

和胡老师相比，我真的自惭形秽。记得在默其幼儿园大班时，尹建莉老师的《好妈妈胜过好老师》正在畅销。我在读完书以后很受启发，开始写孩子的优点日记，记录默其的成长变化、经典语录、奇思妙想等。隔一段时间和孩子一起来读，觉得特别有趣。日记坚持了一年多，因为弹钢琴就停止了，这真的是非常遗憾的事情。

我非常建议家长朋友们养成记录的好习惯。记录内容没有限制，只要想记的都可以写下来。家长的持续记录对孩子是一种潜移默化的影响，更重要的是所有的日子都有了记忆。

当有一天孩子不知道怎样写日记，不知道写什么日记，不知道难忘的一件事、有意思的一个人的时候，你就可以翻开日记本，给孩子提供丰富的素材，这是最好的言传身教。最为重要的是，当我们老了，可以自己或者和孩子一起重读，想想那个画面是不是美好得不言而喻呢？除了家长用文字记录孩子的成长点滴，还可用以下方法引导孩子爱上写作。

1. 你说我记

二年级之前，儿童的书写能力非常有限，写作速度跟不上思维进度，常常出现写前边就忘了后边的现象，或者压根儿没有写作动力。我不赞成孩子过早写太多字，毕竟孩子的手部肌肉力量有限，手脑协调性正在成长中。那么，采用什么方法比较合适呢？在儿童思维能力、语言能力发展的高峰期，采取“你说我记”的方法，是引导孩子深度思考、规范语言应用、保护想象力的好做法。

“你说我记”的关键是引导孩子大胆表达。我们可以在生活中找到一件小事，从“六感”入手，引导孩子体会、思考并且表达。比如，周末的早餐有煮鸡蛋，妈妈鼓励孩子自己剥鸡蛋皮。如果是初次尝试，可以让孩子观察鸡蛋的形状，感受鸡蛋的温度，教孩子剥蛋壳的方法，闻一闻鸡蛋的味道；吃的时候观察蛋白、蛋黄的样子，体会不同的口感，谈一谈吃自己剥的鸡蛋的感受。吃完早餐后，让孩子把剥鸡蛋的过程讲一遍，孩子一边讲家长一边用笔记录，也可以用录音设备录下来。

家长在闲暇时间将孩子说的内容整理成文字，让孩子看到语音变成文字的样子，会给孩子赋予很多成就感。如果可以，再和孩子一起对整理的文字进行规范加工，去除不规范的语法、不必要的表达，最后形成一篇精彩的小文章。

家人团聚的时候，让孩子把整理过的文章读给大家听，孩子会获得极大的满足。

2. 陪伴作文

进入小学三年级，孩子开始上作文课。刚开始，家长不要急着给孩子找作文班去学习写作技巧，而是要通过有效陪伴激发孩子写作兴趣。我想，如果家长有“你说我记”的训练、孩子有记日记的习惯，这时候的作文会非常顺畅的。对于写作功底一般的孩子可以采取以下做法：一是读懂作文题，明确需要写作的内容；二是和孩子一起寻找写作素材，共同挖掘素材的深度和细节，增加美好感受；三是鼓励孩子把事情说清楚，必要时做录音；四是让孩子慢慢写出来，很多孩子会因为不会写字而放弃写作，这个时候让孩子听一听录音，他就知道该如何写了；五是帮助孩子修改作文，有意识地教一些修辞方法、标点运用、成语金句等。如果家长和孩子都不知道如何下手，那就需要提前准备一些作文书，有针对性地进行仿写训练。

3. 书信表达

随着电子产品的普及，书信已经成为上一代的记忆。小学高年级还有关于信件的写作训练，很多孩子感到陌生，觉得落伍了，没有应用价值了。但实际上，家庭成员之间用书信进行交流，更能够加深理解、消除误会、增进感情，甚至起到意想不到的效果。比如，我们彼此口头表达“我爱你”，听的人甜蜜一下就忘掉了；但是当看到信纸上，有文字铺垫之后出现的“我爱你”三个字，就更受感动。在生活中，期末考试结束或者生日等特殊时期，我会给默其写一封信。在她读初中住校后，每周都会有家长反馈。这种信件往来在我、老师和孩子之间架起了沟通的桥梁，效果非常好。我也将这些信件全部放在本书后面。把情感写在纸上，比说在嘴上力量更持久。各位家长在与孩子沟通困难时，可以认认真真地给孩子写一封信，到邮局贴上邮票，寄到孩子学校。这种做法会带给孩子惊喜，信中的话也会激励孩子更好地成长。当然，您也要诚挚地邀请孩子写一封回信。动起来吧，让书信成为亲子之间沟通的有效方法，这也是最接地气的写作训练。

上面的三个方法都是实实在在的干货，下面分享三个生活小建议。

1. 评选最美家常话

父母对孩子各种不放心，总是喋喋不休说个没完；孩子抱怨父母唠叨，不愿意和父母进行沟通。其实，父母和孩子都没有错，错在交流内容不创新、语言形式不新颖。家长可以静心想一想，今天对孩子说的话，和昨天有什么不同；孩子今天和你说的话，和昨天有哪些不一样。不要被结果吓到哇。很多人会惊讶地发现，我们和孩子的交流话题都停留在吃、喝、玩儿、学这几件事上，说话的方式和语气基本没有变化，甚至抱怨的口吻都是一样的。大家可以在家里开展最美家常话评选活动。

首先制定规则，核心内容是每人每天至少说一句美好的、与之前完全不一样的句子。说的时间、句子的来源等可以自由约定。比如可以是彼此的赞美，可以是经典的诗词，可以是生活的感悟。约定要有奖惩评比条款，由孩子组织记录，增强孩子的责任心。

其次，在生活中坚持下来。活动初期，家长要提醒家人积极参与，充分强调孩子的监督责任。

奖惩执行非常重要，全家人积极热心地参与才能营造好的氛围，出来好的效果。

再次，经过一段实践后，家庭成员要在一起回顾比赛的结果，温习那些记忆犹新的句子。那时你会发现，家庭的氛围已经改变，每个人的说话质量已经有了极大提高。

2. 记录梦境

大人和孩子都会做梦，孩子的梦五彩缤纷。很多时候，大人无心听孩子关于做梦的描述，大人也会在睡醒后很快忘记了自己的梦。请将梦记录下来，那是非常好的练笔内容。梦本身不是建立在现实之上，不能用对错标准来衡量，无论怎么记录都是可以的。其实，不管是写什么，只要动笔去写了，就是宝贵的成长过程。

3. 建立家庭留言板

生活中往往有这样的场景：家长气愤于孩子不理想的成绩，看着暴风骤雨下抹着眼泪无限委屈的孩子，会说“你还有脸哭?”；这时孩子的内心一定是非常复杂的，可能会在心理诅咒着父母，家长也会后悔，为什么对孩子不能耐心一点儿、温柔一些。建议您在家里建立一个留言板。留言板可以是温馨提示、温暖道歉、愿望清单等内容，可以结合家庭情况保留一块进步展示区，等等。家里要保留一块自由表达的空间，给孩子一个展现成长进步的舞台。

第九节
鼓励肯定，在创作中激发潜能

默其的写作非常自由，我们给予她信任、欣赏、肯定，并且无限放大，让她的创作热情高涨，潜能得到极大开发。

2021 年 4 月 12 日 22 点 32 分，默其的第四部作品在电脑上画上了句号。我特意发了朋友圈，这既是对孩子完成作品的祝贺，也是借助社会的力量让她感到支持、赞美和影响他人的力量。

默其在写作第四部作品前非常困惑。她尝试了现实题材、童话题材，但写到三五千字的时候就感到力不从心了。一个 16 岁的孩子，纵然有对现实的些许思索，想通过文学作品去表现还是困难重重。但在她尝试过程中，我不去限制她，当她遇到瓶颈时自会想办法。这就是挫折教育，在可控情况下尽量让孩子试错。

春节前，我们开车去外地看老人。在车里她分享了一个好玩儿的想法：下雨的时候，每个伞上都出现一个可爱的小妖怪，代表不同事物的妖怪组成一个世界，一定会很有趣。我立刻回应她，这个创意非常好，在虚幻中注入现实，故事会很有张力。她特别开心，之后就围绕这个创意开始了新创作，过程也非常顺利。

默其的写作非常自由，我们给予她信任、欣赏、肯定，并且无限放大，让她的创作热情高涨，潜能得到极大开发。每个孩子都需要信任、欣赏、肯定，下面就分享如何肯定孩子的写作能力。

1. 让孩子相信写作很有趣

写作是情感的自然流淌，是生命的尽情绽放。对于孩子来讲，写作可以分成两类。一类是学校的作文，要符合题目要求、满足字数限定、思想要积极、结构要完整、语句要通顺。为了达到好作文的标准，孩子们要掌握基本的写作要求，比如作文标题前面空四格，作文要六要素齐全，注重开头结尾，思想要积极健康，不能有错别字，等等。孩子们在写学校作文时，有时会身不由己、神不由心，也会对题目无从下手，没有真情实感，但为了完成作业和考试要求，孩子们已经心领神会地按照要求写作文。

学校作文是能力、方法、技巧的训练，多数作文会给人似曾相识的感觉。如果能够引导孩子写真事、真情，独特的题材往往会让作文表现不俗。

家长要在指导孩子寻找作文内容上下功夫，在出现相关作文训练时，就在日常生活中帮助孩子去挖掘相关题材。

很多我们觉得好玩儿的事情孩子会觉得普通，而孩子觉得好玩儿的事情家长认为没意思。作文好坏是成人的评判，家长需要和孩子聊一聊事情经过、心里想法、写作技巧，日常交流中的谈话比坐在桌子前教写作更有效果。要让孩子相信，说得这么好玩儿，一定也会写得有趣。

还有一类写作是孩子自发的创作行为。很多孩子小时候都有过编一本书的冲动，自己画画、编故事。虽然看起来幼稚可笑，但这就是兴趣的萌芽、梦想的起点。无论孩子写什么、写得咋样，家长都应该肯定孩子的做法，鼓励孩子做下去。当然，很多孩子都是三分钟热血，对于五年级之前的孩子，不要强求完整，各种尝试都是值得尊重的。

2. 让孩子感到写作有提高

小学之前，孩子的成长变化非常惊人。前几天我翻看默其的旧物，一年级的字体幼稚古朴，三年级的文章不足百字，四年级的作文有模有样，六年级《蓝迪的朋友圈》第一页的手写字体和内容已经很成熟，这是一个自然而然的成长发育过程。家长要用发展的眼光看孩子，不断发现孩子的进步和成长，不断鼓励孩子的努力和状态。在写作文方面，孩子的作文越写越长、内容越来越丰富，孩子越来越会使用各种修辞方法，会应用成语、引用古诗文——只要你去寻找，总会有惊喜。你能看到孩子细小的进步，孩子会进步得更加迅速。家长切忌在孩子作文遇到问题时，先是抱怨，再是否定，最后将孩子扔给补课班来推卸责任。

3. 让孩子看到写作有成果

每个人都有自己的成长道路，可回忆起来，能留下成长痕迹的东西有哪些呢？文字是记录生命的最好载体，建议家长除了写成长日记外，可以给孩子做学习成长手册。具体方法就是将孩子一学期的典型卷子、作文装订在一起收藏起来。让孩子回看成长手册，他才会觉知自己的进步，也会更有力量面对未来。当然，要让孩子的写作有成果，这里有几个具体方法。一是让孩子在家庭成员面前朗读自己的作文，家人给予积极的肯定；二是在朋友圈中晒一晒孩子的作文，朋友们的关注和点赞会让孩子有被看到、被欣赏的喜悦；三是指导孩子向媒体投稿，作文能够由手写变成印刷体，是对孩子最好的鼓励和肯定。

默其成长中，我们会把她的作品分享在朋友圈。2017 年 1 月 17 日，她创作了一首诗歌《仙女与妇女》分享给大家。

仙女躺在天上，羡慕地看着，热闹的下方。

妇女忙在厨房，偶尔抬头眺望，宁静的天河，引发无数遐想。

仙女在天上歌唱，妇女在地上奔忙。

仙女厌倦了歌唱，妇女怨恨着匆忙。

她们相互对视，想把烦恼遗忘。

有颗流星，在空中流浪。

流星拖着尾巴，听见了仙女的幻想，见到了妇女的沧桑。

一个天上，一个地上，都有相同的愿望，快快换个地方。

仙女一旦到了地上，妇女如果飞向上方，后果则不堪设想。仙女坐在街头，被万人欣赏；可妇女的活谁来帮，仙女只能哭在厨房。

仙女一旦到了地上，妇女如果飞翔上方，后果则不堪设想。妇女用她的粗嗓，把欢歌带向战场。庆喜有如哭丧，妇女哭着抱向了月光。

流浪的星星想了想，将她们的希望扔进了箩筐。

仙女和妇女呀，别像流星一样，在天地间流浪。

第一眼看到这首诗歌，我真的特别惊讶，也非常惊喜。她敏锐地感觉到妈妈的匆忙和抱怨，也用巧妙的方法告诉妈妈要脚踏实地地去面对生活，而不要像流星一样，在天地间流浪。我们将这首诗歌分享在朋友圈，很多朋友留言点赞，她在阅读后感到非常喜悦。

最后还是给大家三个生活小建议。

1. 建立成长手册

父母要做有心人，将孩子代表性的标志性作品收集起来，每个学期给孩子做一本成长手册。比如入学第一天写的字、第一份满分卷子、照片、画作、奖状等，只要可留痕的有意义的东西都整理起来，然后和孩子一起回看一学期的进步，孩子会有满满的成就感。当孩子大了以后再回看小时候，会由衷地体验到成长就是日积月累，成长一定是越来越好。

2. 寻找好榜样

榜样是激励人成长进步的重要因素，小孩子更容易受到榜样的影响。家长可以从三个方面帮助孩子寻找榜样：一是家族里的优秀人物，因为熟悉的长辈的优秀品质更能让孩子信服和感到骄傲；二是公众人物，孩子可以从喜爱的明星、科学家、主持人等中寻找欣赏的人，从他们的成功历程中汲取力量；三是身边人物，让孩子找到身边值得学习、可以超越的人物，既作为榜样，又作为目标去追赶。创造机会让孩子与榜样接触，为孩子的成长注入不竭动力。

3. 探索兴趣点

家长要帮助孩子发现感兴趣的活动，然后围绕兴趣点进行深入挖掘。比如孩子喜欢动手，可以培养孩子的折纸能力，借助各种折纸书将这项技能做到最好；可以培养孩子的烘焙手艺，让孩子在美食制作中获得成就感。每一项兴趣点的深入发掘都要以热爱和支持为前提，家长当好陪伴者，不当评论员。

孩子的学习时间很紧张，有必要让他参与其他事务吗？

一个认可“自己的事情自己做”的孩子，会成为命运的主人，会在自主操作中获得自信，养成高自尊的人格。对于很多学业紧张的中学生来讲，让他们参与家务是一种心理放松，更是对自己长大的确认。

第三章

示范篇

孩子拓宽了我的生活边界，让我结识了许多朋友，看到了很多风景，感受到许多精彩。

和孩子在一起看世界是奇妙美好的，听风观雨，踏青摸鱼，月夜弦歌，俯仰天地。

带着孩子做家务，平常的日子多出几分神奇。孩子的一句认可就是最大的鼓励，孩子的一点儿进步，也让家充满了无限生机。

读活一本书，深读一本书，生活是最有料的教科书。每个当下都是教育的最佳时刻，用心觉察每一寸岁月。

默其写的每本书里都有可爱的动物，这来自于生活中对动物的痴迷。关注哪里，哪里就有生长。害怕动物的我现在也无比喜欢小动物。

生活琐碎平常。孩子让单调的岁月有了欢歌，鼓舞着父母总想把日子过得特别。每一个特别的日子，都是送给孩子的惊喜。

滋养是润物无声的陪伴，看到彼此间创造奇迹。

第一节

如何妙用感官动词——“看”的小眼神

家长语言贫乏怎么办？孩子作文没有词怎么办？不知道和孩子如何聊天怎么办？本文以“看”为例，简单四步打开脑洞，学做有趣有料的好家长。

2020 年 10 月，我在阅读达娜·萨斯金德等著的《父母的语言》一书时，产生了人逢知音的强烈共鸣。书中关于语言对大脑神经塑造作用的科学研究，与我在日常生活中实践和观察得出的结论不谋而合。

生活中，我们从未把默其当成小孩子，使用“婴语”和她交流，所以她很小就能听懂大人讲话；我们在生活中尽量用准确生动的语言描绘事物，所以她对世界充满好奇、保持敏感。书中认为：早期语言输入是造成孩子智力差异的主要原因。

我还想补充：持续的语言输入是塑造孩子心性的关键因素。

“孩子，你在看什么？”

“孩子，你盯着蚂蚁好久了，是在观察哪一只，还是观察它们的运动方式？”

“孩子，我踮起脚在门口张望，一下子就发现了戴红帽子的你。”

“孩子，站在山顶俯瞰四周，感觉是不是很特别？”

“孩子，你在这幅画前注视了好久，发现了什么吗?”

“孩子，这张卷子我瞟了一眼，就抓到一个小马虎。你最好认真检查一遍，看看小马虎在哪里，是不是还隐藏着大马虎。”

“孩子，你刚才瞪着眼睛生气的样子，让我感到害怕。”

上面是我和孩子的日常对话片段。在这些对话中，大家不难发现，我用不同的词汇来描述“看”的不同状态，尽量让孩子在情境中理解词语的丰富内涵。当家长语言精准丰富的时候，孩子自然能在生活中表达出来，在写作中描摹出来。

有些家长会说:“我也没有那么多词汇，怎么在生活中引导哇?”其实，当您这样思考和表达时，是处在一种特别无力的状态，也是推卸责任。大家不妨和我一起学一学如何让自己语言更生动，怎样在生活中进行表达练习。

1. 在百度上检索“表达看的词语”

输入关键词后，会出来很多链接，先整理出知识点。

表1　关于“看”的词语列表

关于“看”的词语
瞧、瞅、瞄、盯、眺望、瞻仰、俯视、打量、欣赏、环视、偷窥、窥视、张望、凝视、巡视、审视、僵视、斜视、仰视、轻视、重视、近视、远视、侧目、游目、纵目、极目、张目、青眼、白眼、怒眼、电眼、观察、浏览、细阅、秋波、偷望、顾盼……

表2　表示“看”的词语内涵表

词语	内涵
看见	表示已经看到
环视、环顾	表示向四周看
俯视、鸟瞰	表示向下看
远望、远眺	表示向远处看
仰望	表示向上看
瞻仰	表示恭敬地看
注视、端详	表示集中注意力看
浏览	表示粗略地看
窥视	表示偷偷地看
轻视、蔑视	表示看不起地看
不屑一顾	表示不值得地看
看护、照看	表示照应地看
怒视、瞪	表示生气地看

续表

词语	内涵
瞥	表示斜眼看
探望	表示拜访地看
视察	表示上级查看
观察	表示仔细地看
回眸、回首	表示回过头看

表 3　带有“看”的含义的成语列表

带有“看”的含义的成语
走马观花、望眼欲穿、东张西望、左顾右盼、瞻前顾后、极目远眺、望穿秋水、刮目相看、见风使舵、冷眼静看、雾里看花、目不转睛……

2. 学习知识点

带着好奇和探索的心情，感受不同词语的意思，想一想生活中在哪些语境下可以将这些词汇表达出来，或者自己在哪些情况下做出过关于“看”的不同动作。比如——

其一，回忆某一个会议。

坐在主席台上发言的人的眼神怎样的是？他落座后，或者环顾一下四周，或者目光扫过全场，或者直视前方，或者左右点头示意后就盯着某个地方；他在发言过程中可能一直盯着稿子念，可能面对听众偶尔扫一下稿子。再想一想坐在台下的听众，是始终注视着主席台，是左顾右盼，是微闭双眼，还是漫无目的地看着前方？当我们用不同词汇去描摹对方眼神的时候，会发现不同的语言充满不同的情感，人的性格特点也鲜活起来。

其二，体验我们和孩子之间的眼神交流。

可以闭上眼睛想一想：当孩子刚出生的时候，你用什么样眼神看着他，那眼神里包含着怎么样的情感？孩子开心的时候你在他的眼睛中看到了什么，孩子会说话的眼睛里在传达什么样的信息？孩子现在眼睛还充满光亮吗？他的眼睛是否体验过“看”的不同样子？我们可以做些什么让孩子的眼睛看得更丰富？当然，你可以想得更多，最好用笔记下这份难得的自我体验。

其三，生活应用。

和孩子一起做关于“看”的小练习，随时随地开发各种好玩儿的互动小游戏。

游戏一：相看两不厌。

游戏规则：两个人互相看着对方眼睛，最先眨眼睛的一方失败。这个小游戏不受环境局限，家长营造轻松有趣的氛围。往往在孩子特别投入的时候，大人都是失败的一方。不信，这就挑战一下。

游戏二：看谁看得多。

游戏规则：在陌生环境中，让孩子迅速扫一眼，然后让孩子回忆都看到了什么，要说清事物名称，描述具体细节。无论孩子说出多少，家长都要给予充分肯定。比如：带孩子出去游玩，我总喜欢在刚到房间的时候，让孩子回忆一下刚才在酒店大堂都看到了什么。第一次，孩子可能说啥也没记住。我会给她讲：妈妈看到大堂的水晶灯特别明亮、前台后面的装饰画上有一个表情生动的小人、卫生间的指示牌挂在前台靠左的位置等。第二天游玩回来，路过大堂回到房间，我还会问她：今天在大堂看到了什么？孩子就会说出一两样新发现。这样不断地提问，孩子慢慢就会喜欢上观察，也学会了眼观六路。

游戏三：表情我会演。

游戏规则：用夸张的表情表现词语的内涵，或者讲一个有趣的故事，其中用到特定词汇。比如，孩子刚接触“眺望”这个词的时候，家长可以表演给孩子看：站在椅子上，做出踮着脚看向远方的样子，可以配上“好辽阔呀！”这样的语句。然后让孩子用“眺望”造一个句子，或者编一个故事，孩子就可以真正明白词语的意思了。

其四，觉察语言丰富度。

把知识和应用割裂开来，是达不到学以致用的目的。家长要随时随地把“看”的语言感受分享给孩子，也随时觉察孩子在生活中“看”的表情状态，及时给出适当的回应。对于孩子写作中的文字应用，适当地给予文字修改，起到锦上添花的作用。

上面的四点，是知识迁移和转化的过程，也是教会家长如何在生活中获取知识、如何进行应用。反过来思考发现，语文知识的学习并不是课堂上的死记硬背，而应该是生活中的活学活用，润物无声、耳濡目染才是家庭教育的最高境界。

第二节 如何读活一本书——“小猪”的故事新编

孩子不爱动脑筋怎么办？孩子总觉得作文没得写怎么办？孩子对生活没有感受怎么办？本文以阅读《小猪唏哩呼噜》为例，通过四个维度，教家长开动脑筋，和孩子一起玩儿起来。

《小猪唏哩呼噜》是 20 世纪 90 年代初的童话代表作，是孙幼军老先生在接近花甲之年创作完成的。小猪唏哩呼噜并不是为了逗笑而诞生，他有傻孩子有傻福的憨厚，也有大智若愚的机智，更可贵的是，小猪善良、勇敢、富有同情心和正义感，傻得执着，傻得可爱。孙幼军先生在小猪唏哩呼噜身上寄寓了完美的儿童形象。唏哩呼噜成为中国儿童文学史上的著名小猪，深受孩子们喜爱。默其也是这本书的忠实读者，在很长一段时间里，小猪唏哩呼噜成为她生活中的朋友,《蓝迪的朋友圈》的创作也深受这本书的启发和影响。

儿童阅读是一个奇妙的过程，并不是大人认为的看一看故事、读一读汉字那么简单。科学还无法证明孩子在专注阅读中，内心世界发生了什么变化，也无法解释一个已经知道结局的故事为什么要反复看，为什么到了某一个地方总是会发出会心的微笑，乐此不疲。据我观察，孩子阅读的着眼点和生活有很大关系，也和认知水平密不可分。当生活中的感悟、感觉、感受与故事产生共鸣时，孩子往往会觉得自己很厉害，故事很有趣，也更容易沉醉其中吸收营养。

让图书和生活产生链接，让孩子明白图书和生活的关系，是让孩子走进阅读的重要渠道，也是父母引导孩子阅读时需要注意的问题。

我在和孩子阅读图书时，往往会围绕一本书做四个方面的事情。本文以阅读《小猪唏哩呼噜》为例，来探讨阅读生活化的几个方面。

1. 生活即舞台——小猪的角色扮演

生活中有这样几种现象：家长让孩子读书，自己不看书去做其他事情，孩子很难真正投入其中；家长和孩子看不同的书，家长很难读懂孩子的内心世界，甚至会觉得孩子读的书太幼稚；家长和孩子看了同一本书，家长从孩子的视角去理解孩子，可以围绕图书内容进行共同讨论。我们希望家长能和孩子共同读一本书。比如《小猪唏哩呼噜》书中的爸爸妈妈和 12 个孩子，加上捡来的小不点儿，就是生动有趣的剧本，每一个章节都可以通过分角色朗读、分角色扮演等方式来呈现。家长可以以图书为依托，让其中的某些场景生活化，增强孩子的阅读趣味。

唏哩呼噜的爸爸是一头猪。他娶的太太嘛，真巧，也是一头猪。有一天，这位猪太太给猪先生生了一大窝孩子。猪先生快活极了，他说："哈，这回我就是爸爸啦!"

他站在一旁数:"一、二、三、五、六……"

猪妈妈说:"错啦,'三'完了是'四'。"

猪爸爸又从头儿数:"一、二、三、四、五、六、八……"

这样的开头让人忍俊不禁。孙幼军是一个了解孩子特点的作家,他将如何数数通过文学作品告诉孩子,也训练孩子在阅读中的专注度。家长可以用猪爸爸数小猪的方法和孩子进行互动,比如数一数最近读了多少本书、数一数楼下有多少棵杨树等。故意犯错的做法会让孩子觉得好玩儿,也会让孩子觉得自己很厉害。记得小时候曾经和孩子玩儿过数手指游戏:第一次数完十个手指,结果才到九,你知道玄机是在哪里吗?大揭秘,我是这样数数的:一、俩、二、三、四、五、六、七、八、九。表示两个的数字重复出现,在孩子注意力不集中的时候就会试错成功。

2. 回忆找相似——重复小猪的故事

小猪唏哩呼噜很幼稚、很天真、很有趣,围绕小猪做过的事情,家长和孩子一起去回忆生活中是否有过类似的桥段,这就会让聊天变得不一样了。记得曾经有读者质疑作品中小猪买到酸橘子的原因是没有向批发商人“意思”一下，内容存在导向问题。新版图书中对该内容做了修改，但我认为删改的内容不如原来有“意思”。记得当时我曾经问过孩子:“这里的‘意思’是什么意思?”然后还一起说出生活中关于“意思”的词语，让她去理解内涵丰富的词汇。

“要理解课文的意思，必须读懂课文的语句才行。”

“这个故事真有意思，我要讲给你听。”

“啊，乌云压顶，看这意思要下雨了!”

“你这愁眉苦脸的，什么意思!”

“这下可有意思了!”

这些话里的“意思”一词解释不同，孩子觉得特别有趣。有一段时间，“意思”成了我家的高频词，回忆起来都是欢乐。当然，通过对一个词语不同意思的理解，让孩子建立起根据语境理解词语意义的意识，进一步理解多义词的概念，这对于增强词汇敏锐度非常有效。

3. 世界大发现——身边的小猪故事

好书不厌百遍读。作为成年人，每次翻开这本书都会找到很多新乐趣，默其也是隔一段时间就要翻看一遍。生活中的事情和书中的故事颇为相似，只不过书中是小猪，生活中是孩子而已。重读《唏哩呼噜和他的弟弟》：猪妈妈收养了一只被遗失的熊猫，他们对待捡来的熊猫没有任何分别心，以至熊猫在被确认为稀有动物身价倍增后，依然将小猪一家视为真正的亲人。这让我联想到近期新闻中报道的失散儿童寻亲事件。养父母如果给到孩子足够的无私的爱，孩子也会懂得感恩。结合新闻报道，和默其就这本童话进行了探讨，她说：“这套故事书写得确实非常有生命力，特别懂孩子心理。把复杂的成人世界通过故事讲给孩子，需要大智慧。”忽然想起小学三年级，默其开始了小猪故事新编，自己续写故事、绘制插画，还被学校收藏，挂在体育馆的墙壁上展览。

4. 想象无极限——小猪不是小猪

童话是虚构的故事，但很多童话反映的是生活的道理。小猪唏哩呼噜其实不是小猪，它是生活中的这个小朋友、那个小朋友的优点、缺点的集合。世界上没有完美的人，但每个人都很有特点，让一个人的特点变成闪光点，这也是作品的价值所在。这本书读起来生动有趣，和这群有特点的小猪密不可分。父母要学习猪爸爸、猪妈妈的育儿理念，尊重孩子的性格特点，允许孩子犯一些错误，给到孩子满满的无私的爱。虽然他们是爱犯糊涂的父母、没有大志向的猪宝宝，但这不妨碍他们是幸福快乐的一家。

第三节 如何深读一本书——“老鼠记者”的实地采访

大人和孩子无话可说怎么办？孩子和同学话多，回家就没有话怎么办？很多父母会面临和孩子沟通不畅的问题。通过深读一本书拓宽生活领域，创造应用场景，是找到话题的最佳路径。

家附近有一个小记者班，非常火爆，百十人的教室几乎坐满。一次路过，孩子很好奇地问："他们在学什么？"我说："这个地方是小记者班，老师在教孩子如何当小记者吧。你知道记者是做什么吗？"孩子说："记者就是采访，电视新闻的稿子都是记者写的？"我向孩子竖起了大拇指："理解得非常好，记者要学会采访，就是沟通；还要学会表达，就是写作。沟通和写作都是以阅读为基础，离不开对生活的观察，你说是吗？"孩子开心地总结："其实就是阅读作文班哪！"

我很少给孩子报各种学习班，课外阅读占据了她大量课余时间。小学四年级，孩子喜欢上了《老鼠记者》这套书。关于这种大套的系列图书，我往往采取先买一两本读读，在确认孩子喜欢的前提下再整套购买。这套图书非常有趣，知识丰富、画面生动、思想健康，我先后购买了三套送给身边的朋友们。这里我不介绍图书的具体内容，但围绕图书阅读我做了以下延伸。

1. 对记者工作进行职业体验

很多城市都有孩子们的职业体验馆。读完这套书后，孩子很想体验记者的工作。一个周末，我和孩子来到一家职业体验馆。她第一个选择尝试记者工作，围绕"写作业需要多长时间"问题采访了六个孩子，然后根据孩子们的回答写出《作业的"快乐"密码》

一篇文章。指导老师夸她采访有深度，写作有思想，是一个当记者的天才。默其在回程路上说：小朋友们都觉得作业简单、枯燥，没有挑战性；有挑战性的作业才好玩儿，才快乐。当然，也有一个小朋友说“最好没作业，天天玩儿”。那天，我俩围绕作业问题聊了很多。

带孩子进行职业体验，很多家庭当成了一次普通的活动，这样认知收获到的就是感性认识，和吃一顿大餐一样很快就忘记了。

如果将职业体验和孩子的梦想、志向结合在一起，再后续围绕职业给孩子提供一些榜样人物，就会激发孩子内在动力。

围绕记者职业，我和孩子一起搜集普利策奖的获奖作品和人物，打开孩子的视野和格局，让她对记者职业的价值和意义有更深刻的体会。

2. 对记者工作进行实地观察

我在媒体管理部门工作，身边有很多记者朋友。我特意带孩子约记者朋友一起吃饭，听他们分享工作中的酸甜苦辣。孩子听得非常认真，问阿姨：“你最难忘的一次采访是什么？”阿姨讲述了一次采访离家出走少年的过程。孩子又问:“当时你是什么心情啊?”阿姨赞许地对孩子说:“你现在的提问非常专业,很像一个记者在提问。”后来,在学校一次“____一件事”的半命题作文中,孩子就以这次和阿姨的“采访”为主题写了《难忘的一次采访》。

在资讯时代,我们获取各类信息的渠道非常丰富。针对孩子感兴趣的职业方向,一起探讨各个职业的工作状态、资格需求、社会贡献等,这就是最好的生涯教育,也是目标和梦想的塑造。常有父母对孩子说:“不好好学习,将来就去扫大街。”父母使用这种恐吓的语言,表达对孩子的愤怒和无奈,真不如凌晨四点带着孩子到街上走一圈。

3. 练习记者工作基本功

看电视新闻时,孩子对记者工作充满敬意。采访高端人物的记者风光亮丽,深入自然灾害现场的记者出生入死。任何职业都有苦和乐,我会不失时机地和她讲,记者是杂家,要有眼观六路的千里眼、耳听八方的顺风耳、千锤百炼的烂笔头、能说会道的巧嘴巴、勇闯天涯的铁脚板。孩子虽然没有把记者当成理想职业,但我想让她明白:要成长为一个全面的人,更多的是要在当下脚踏实地。

默其在学校运动会上担任宣传组组长。运动会结束后,我引导她对破纪录的运动员进行采访，在采访前考虑好提问的内容，对采访对象的语言做好记录，然后提炼出思想写成文章，发表在学校的校报上。孩子很乐于进行这样的实践，在写作水平、沟通能力等方面得到很多锻炼的机会。值得骄傲的一件事是，曹文轩老师到学校举办讲座，默其将自己的图书送给了偶像，还对他进行了采访。

4. 不失时机进行采访操练

《老鼠记者》的故事不一定在生活中存在，但我们在生活中随时随地可以发现“新闻”进行采访。比如，在为老人庆祝生日时，鼓励孩子对老人进行采访，一起聆听老人生命中的故事，一起回忆过往岁月的感受。在期末考试之后，我以记者身份对她进行采访，谈学习感受、假期安排。父母和孩子之间以采访的名义进行交谈，就会增强仪式感，让双方的谈话能够“正经”许多。家庭采访活动，除了锻炼孩子语言组织能力，还能让孩子和家族系统进行连接，感受到生命的厚重和无限的爱与祝福。

写作不是课堂里的听讲和创作，更应该是生活里的感受和经历。给孩子一个身份定位，围绕这个身份再去输入信念、设计活动、营造环境，孩子就会自然而然地接受，同时能够感受到身份带来的无穷力量。

第四节

如何培养主动性——家务里的作文课

不爱学习怎么办？写作文没题材怎么办？做事情磨磨蹭蹭怎么办？让孩子成为自己的主人，带孩子体验生活，这是激发孩子主动性的重要方法。

每个孩子都是学习高手，无时无刻不在学习成长之中。人只要活着，就在不断地学习，只是很多学习不被看到、不被重视、不被认可而已。从遗传学的角度来讲，在一定程度上，孩子是父母的“复印件”，不仅“复印”了容颜，更“复印”了性格、行为、思维等方方面面。“复印”过程就是家长对孩子潜移默化的影响。

孩子的学习发生在生活的点滴之间，不被家长重视的行为，有时对孩子的教育意义更重大。

家长集中精力把孩子束缚在学习桌前，局限在课本书内，孩子往往学不好知识，更容易学会如何与父母撒谎、抗争，甚至学会用自闭、抑郁等方式和大人相处。

啥事不用你管，你只负责学习就行。

做家务那些事，长大自然就会了，现在还是学习最重要。

你就不能专心学习吗？别干那些没用的。

这孩子学习不好，干啥啥不行，可咋整？

给他报了作文班去学习，可还是不会写作文。

您是否说过类似上面的话？如果是，请思考几个问题：孩子是不会写作文，还是没有内容可写？孩子从小啥都不让干，怎么可能长大就会了，干啥啥都行？学习固然重要，可连照顾自己都不行的孩子能会学习吗？孩子即使学习成绩优异，可是其他都不会，孩子会快乐吗？我想这些答案都是否定的。既然答案都是否定的，我们是不是应该允许孩子的学习内容更多一些，要重视课本之外的能力培养呢？

我在陪伴默其成长中，很少突出书本学习，也没有把课外阅读当成学习，更没有把学习当成什么特别的事情去强调。活到老，学到老，把每一个时刻都当成学习，成长就会自然而然地发生。下面我以带孩子做家务为例，分享在日常琐事中引导孩子自己的事情自己做。一个认可“自己的事情自己做”的孩子，会成为命运的主人，会在自主操作中获得自信，养成高自尊的人格。

1. 我是小帮手

从依靠照顾的小婴孩儿到学会走路以后，孩子就开始探索世界，在“我”和外界的分离中，逐渐找到“我”能适应外界、“我”能掌控外界的感觉。当一个孩子开始努力探索和外界的关系时，家长应该创造各种条件，让孩子体会到“长大了”的感觉。所谓长大，不仅是身体的长大，更重要的是能力提升，以及能力提升带来的心理成长。四五岁的孩子可以尝试着参与家务劳动。比如自己管理玩具、帮助妈妈拿一下物品。父母应随时告诉孩子“你是妈妈的小帮手”。刚开始，我们要选择孩子能够承受的、孩子愿意参与的，或者是可以持续训练的内容进行。比如孩子在幼儿园午休时自己穿脱、整理衣物，我们要把这种行为带到家里来，不在家里帮助孩子穿脱衣物，像在幼儿园一样睡前整理好脱下来的衣物，准备好第二天的穿搭。当孩子面对复杂衣服不知道如何穿脱时，家长要给予充分的认可和鼓励。

2. 我是小能手

小帮手到小能手是一个质的飞跃，实现飞跃的前提是大量重复的练习。默其六岁时，对清洗餐具产生兴趣。我给孩子准备了小凳子、小围裙，然后站在一边耐心地指导她如何清洗餐具。第一天，只让孩子洗没有油污的饭碗；第二天，教孩子独立完成饭碗的清洗。这时我发现孩子的好奇心减退，第三天她在清洗餐具时，我邀请邻居到家里做客，让邻居表扬她“太厉害了”。孩子特别兴奋，自告奋勇地要清洗完所有餐具。虽然弄得有点儿脏乱，但一定要看到她的付出和努力，认可她是“干啥像啥的好孩子”。待她出去玩耍时，我会把餐具重新清洗一遍。这个过程中我们就是引导、鼓励，适时借助外部力量给孩子赋能，让她相信自己干啥都行。

干家务可不是简单的体力活儿，更是一门运筹学。就拿清洗餐具来讲，我会优化洗涤顺序、优选洗涤用品、合理安排时间，然后将自己的劳动心得和点滴改进分享给孩子。让她看到，生活处处都有智慧，多动脑、多研究会让生活更加轻松快乐。

3. 不给别人添麻烦

默其初中住校，周末她一回到家，我就无比热情地去弥补一周未见的遗憾，帮助洗衣服、做饭，忙得热火朝天。一天晚饭，我做了四菜一汤，给孩子盛了满满一碗饭。默其吃了半碗后说吃饱了。我有点儿沮丧，努力地劝她再吃一口，不能浪费。默其笑着对我说："妈，我真吃饱了。你再强迫我吃，就是给我添麻烦。下次我最好自己盛饭，吃多少盛多少，可以吗？"听孩子说完，我立刻释然了，原来自己的好心给别人带来负担。晚饭后，孩子主动要求洗碗，她说："把这些餐具清洗干净，感觉特别有成就。在和水流接触的时候，也觉得特别放松。"我立刻接着话说："内衣也自己清洗吧，你真的长大了！"孩子的成长就是自然而然地发生。对于很多学业紧张的中学生来讲，让他们参与家务也是一种心理放松，更是对自己长大的确认。

"你该帮我做某事""你应该照顾我"是产生夫妻矛盾的重要

原因；“我不喜欢你为我做某事”“我想自己做某事”是产生亲子矛盾的重要原因。小时候努力地想多做事，这是积极主动的成长；成年后都希望得到别人照顾，被动接受安排。

父母把自己喜欢被照顾的感觉演化成对孩子的无限付出，忽视夫妻关系，让家里形成夫妻间抱怨、亲子间冲突的局面。家里要营造自己的事情自己做的氛围，放手培养孩子自己做事的能力。

在孩子学习做事的过程中，可以尝试很多人生第一次。有许多难忘的经历，都是在做家务中积累下来的写作素材和生活感悟。

第五节

如何与大自然相处——写在树叶上的心里话

读书很多还是不会写作怎么办？孩子不爱动脑怎么办？孩子数学好，语文不行怎么办？问题总是层出不穷，家长要看到：孩子与自己相比进步了，足矣！

默其是一个喜欢读书的孩子，更是一个喜欢动手的孩子。在读中国神话的时候，她对钻木取火产生了极大兴趣。她找了一块积木和一块石子，坐在角落里不停地摩擦。看她专注投入的样子，我们不忍笑她幼稚。在家里取火不成，她就到户外找木头和石块。这样的实验一直持续到上小学，我只是看破不说破。三年级一次准备户外野游时，她又好奇地问："我们可以在野外钻木取火吗？"我给她讲古人取火的原理和必要条件，在网上买了一套"钻木取火"的装备，这才解开了她心中的疑团。

孩子通过阅读产生探索的欲望，会被激发很多想法，并且"秘密"地去实践。

小学二年级时，我们就她送给爸爸什么生日礼物这件事讨论了很久——绘画作品，已经送过好多张；物品，自己还没有赚钱；拥抱，一点儿也不正式。我的建议一一被否定时，她自信地告诉我，礼物有了。生活中需要保留悬念的事情，我从来不主动揭秘，静静地等待惊喜时刻的到来。爸爸生日那天，她告诉爸爸枕头底下有惊喜。爸爸找出来一看，是默其亲手制作的信封，里面放着一张压干的银杏树叶，上面写着"生日快乐"四个字。爸爸手捧礼物，激动万分，这份心意比什么都珍贵。

从那时起，植物叶子成了我们家的重要玩具。我们会把植物的花、藤、叶压在书本中吸收水分，定型以后再用来制作精美的植物画。我们也会在树叶上写文字、画图画、刻纹饰，制成家庭专属的伴手礼。这个过程充满了制作的快乐和创意的快感。

想起曹文轩的《青铜葵花》，里面有一个情节是：青铜用冰球给葵花做了一个如水晶般璀璨的项链。那段文字深深地感染和震撼了我。大自然是神奇的宝库，带着孩子一起去探索自然、观察自然、感受自然，让自己成为自然的一部分，在和大自然的交流中，激发孩子的阅读和写作能力。

1. 琥珀制作

大家还记得小学课本里《琥珀》那篇文章吧。六七岁的默其已经在课外书里了解了琥珀的生成原理，并且尝试着制作琥珀。机会来了！夏日傍晚，我和孩子带着做好的餐食去野炊。在校园里的一棵老松树下铺好垫子，看着满天彩霞进餐，餐食的味道格外特别。小家伙观察到松树上有分泌的油脂，就用汤匙将松油搜集起来，然后捏成球状，在松树下挖了一个坑，把捏好的松油放在洞中，上面压了一颗小石子，再盖上土掩埋。她说，琥珀的形成需要很长很长时间，等她长大以后要把琥珀挖出来送给妈妈。看着她投入的制作过程，我只有点赞。

孩子试图将阅读获取的知识应用到实践之中，我虽然知道有生之年收到那颗琥珀是不可能的，但依然小心翼翼地保护着她美丽的梦。

我真诚地告诉她我特别期待那颗闪耀的琥珀，她开心极了。

2. 荷叶尖尖

很多小孩子背诵过“小荷才露尖尖角，早有蜻蜓立上头”“鱼戏莲叶间，莲叶何田田”等古诗句，那我们是否带孩子认真观察过荷花，坐在荷塘边和孩子聊过关于荷花的典故呢？小学四年级的一个清晨，我们早早来到荷塘边，欣赏一池荷花怒放的美景，和孩子共同吟诵关于荷花的古诗。孩子喜欢玩耍，她尝试着去摘一片荷叶，采一朵荷花，弄落荷叶上的水珠，最后取一片荷叶回家做荷叶粥。她把自己的感受写成一篇小文章，还配上了精美的插画。这就是阅读和生活的联系。

之后每年七八月份，我们都会特意去看荷花。孩子在阅读中特别关注与荷花有关的内容。一天夜里，我俩想感受《荷塘月色》的美，在十点多溜达到北陵公园。一轮圆月高悬夜空，池塘里却找不到斑驳的倒影。静静的，有细碎的虫鸣和隐隐的蛙声，这已经是闷热夏日里的新发现了。

3. 建桥铺路

每年暑假，我们都会到海边或者山林中游玩。印象最深的是默其特别喜欢挖洞、建桥。在海边，她喜欢选择一处离水岸有距离的沙地，然后挖很深很深的坑，在能够挖出水的时候，再修一条连接大海的沟渠。第一次在海边做这样的事情，我们只是配合她，并不知道其中的动力所在。第二次去海边她重复这个过程，我们才了解到她在研究水井的挖掘原理，想通过沟渠收获大海馈赠的小鱼小虾。你看，孩子在做事情的时候总是带着自己的想法，在动手过程中体会到快乐和满足。

孩子将所学、所思、所想应用到动手操作中，是非常好的智力游戏。比如，我和默其测算过修一堵墙要用多少块砖，建一座桥需要多少吨石块，围着花坛对面跑多长时间能相遇，观察鸡兔同笼是怎样有趣的场景。这些生活画面，就是数学里的应用题。数学在生活中有广泛的应用，善于和自然对话，数学也不会太差。

第六节 如何丰富精神世界——养宠物的悲欢离合

孩子想养宠物怎么办？养宠物能带给孩子哪些好处？宠物是人类的朋友，给孩子一个忠诚的朋友，何乐而不为？

默其小时候，我经常带她去辽宁大学校园中玩耍。默其发现小猫后蹲在地上，和小猫对视一会儿，再慢慢靠近，小猫就成为她手下抚摸的玩物。当有大人走近时，小猫嗖地一下就躲起来，看到周围安全了再跑回来，不知不觉间她和校园里的流浪猫成了好朋友。五岁那年，默其小臂皮肤出现异常，到医院检查说是宠物细菌引起，建议不要和来路不清的猫狗接触。有了这次教训，就再也不允许她和流浪猫狗接触了。

上小学以后，默其对小动物的喜爱有增无减，先后养过小鸡、小鱼、小乌龟、小兔子、小狗、小猫等各种动物。在饲养每一种小动物之前，我都会和孩子“讨价还价”，其中最核心的问题就是要她承担宠物主人的责任，学会照顾它们。孩子往往毫不犹豫地答应，可热情持续时间有限，照养的责任基本由我承担。这其实符合孩子身心发育特点，除了责任和担当，孩子在养宠物过程中可以收获很多。

在我看来，养宠物是培养孩子阅读、写作能力很好的方式。首先，很多故事书以动物为原型，让书中的动物和生活中的动物产生联系的最好方式，就是和动物在一起，进而在与动物的相处中激发孩子的阅读兴趣。比如：在阅读《小鸡卡梅拉》系列作品时，我们就养了两只小鸡，还经常带她去农村观察“溜达鸡”。默其第一部小说中出现了小鸡形象，这就是阅读、写作和现实相结合的最好体现。其次，养宠物是培养孩子观察能力的最好方式。人对喜欢的东西才会细致地观察。孩子对自己的宠物了如指掌，这种观察的成果体现在文字中是写作，体现在画面上就是美术作品。

> 生活中没有观察体验，又怎么会描写出生动的形象呢？孩子能把一只小狗描写得生动形象，写人也同样会抓住特点。

再有，养宠物会增加孩子的生活阅历。现在的孩子一般很孤单，缺少玩伴，和宠物在一起会增加很多乐趣，这也是在积累有益的写作素材。四年级时，我家养了一只熊猫兔。这只可爱的兔子先后两次被她写到作文中，后来还成了《梦见兔子》小说中的重要元素。

养宠物对孩子阅读、写作能力有提升，更重要的是在孩子内在精神塑造方面具有积极意义。

1. 养宠物是对孩子的无条件的爱

由于我从小被猫伤过、被鹅拧过，所以特别恐惧宠物，也接受不了宠物带来的卫生困扰。加之我是严重的鼻炎患者，动物皮毛是主要过敏源之一，所以我坚决不允许孩子在家里养猫、养狗。

孩子养猫的愿望随着年龄增长日渐强烈。2020 年年底，默其问考试达到目标可否养一只猫。我抱着激励学习的目的随口答应了。2021 年年初成绩出来后，默其要求兑现承诺。我打出悲情牌、健康牌都无济于事，她第一次用各种方式进行反抗。我想，和一个面临高考的孩子进行对抗，我能得到什么好处呢？我爱她，就应该接受她爱的一切，养一次又能怎样呢？在经过自我情绪整合后，一只小猫来到了我家。孩子的愿望满足了，她真实感受到小猫在身边的快乐，也感受到妈妈的爱和接纳。小猫养到四个月时引发了我的严重哮喘，默其主动提出为了妈妈健康，可以将小猫送走。在这个过程中，我和孩子都感受到来自对方的爱，这比什么都珍贵。一个相信自己被爱的孩子，才能够带着爱感受生活的美好。

2. 养宠物能够增加交流话题

很多家长会觉得和孩子无话可说，或者沟通困难。这时，给孩子养一只宠物就是最好的解决办法。这就像夫妻之间的共同话题是孩子一样，当家长和孩子之间有宠物作为共同关注点时，就很容易进行高质量交谈。

朋友的孩子高二休学在家，把自己关在屋子中不出来。在确认孩子喜欢小狗的前提下，我建议朋友领养一只小狗，再学习一些沟通技巧。朋友回家把养狗的想法告诉孩子，孩子立刻来了精神头，和妈妈商量着通过什么渠道领养。那天晚上，孩子留在客厅里和妈妈聊了很多。这是一个非常难得的开始，如果家长能够进一步调整好状态，和孩子的“冷战”就会缓解。那个孩子考上大学后曾和我说：“每天晚上十点半放学后和小狗一起玩儿十分钟，是一天里最幸福的时光。”

3. 养宠物让孩子增强责任感

很多家庭视宠物为家庭成员。对于孩子而言，宠物是他的朋友或者照顾对象。把宠物当成重要礼物送给孩子，贴上“它是你的”的标签时，就强化了孩子和宠物的关系，让孩子自觉担当起照顾宠物的责任。这份责任会赋予孩子很多有意义的、有价值的思想。比如：照顾——能细心照顾宠物的孩子往往能照顾好自己，同时也能理解父母对自己的照顾；情绪——孩子因为宠物会有发自肺腑的喜怒哀乐，如同父母会因孩子有各种情绪一样。

在有宠物的家庭中，父母对孩子照顾宠物越放权，父母对孩子的教育往往越轻松。因为孩子在照顾宠物的过程中完成了自我教育。这和“不养儿不知父母恩”有异曲同工之妙。

每个孩子对待宠物的态度不同，每个家庭对是否养宠物都有自己的想法。假如孩子有养宠物的想法和愿望，我希望父母能够满足他们，这会是童年里孩子最珍贵的礼物，是孩子生命中最美好的记忆。

在我和孩子一路养宠物的过程中，改变最大的是我对待宠物的态度：由不接受到接受，由不喜欢到喜欢。当我放下对宠物的抗拒，其实是完成了和世界的和解，这种感受非常美好。现在走在社区里，我不再害怕小狗，会留意流浪猫的行踪给它们提供食物。默其依然对宠物无比喜爱，因为她爱这美丽多姿的世界。

第七节

如何看到花开有期——每日一句的持之以恒

孩子写作怎么都是大白话？感觉孩子的作文没有中心思想？怎样才能增加孩子文采呢？水滴石穿，日积月累，好文采是个慢功夫。

知道还要做到，做到还要持之以恒地坚持。在陪伴默其成长的过程中，我知道阅读的好处，并且很好地坚持下来，使她培养出轻松学习的重要能力。但有一件事，我非常清楚它的好处，却没有坚持下来。

儿童具有先天的记忆优势，从小带领孩子诵读，是树立学习自信、开发智力潜能、奠定文化根基的最好游戏。背诵对成人是压力，对儿童来讲就是游戏，方法得当、引导得法的话，诵读会成为孩子受益终身的精神财富。我深知诵读的益处，没有坚持带默其进行诵读是深深的遗憾，所以经常将诵读方法分享给身边的朋友。

孟爸爸在女儿孟宝上小学后，每天早晨带领孩子背一首古诗。现在女儿读小学三年级，已经背诵古诗 1 000 多首。爸爸对女儿要求很严格，每天早晨不背会一首古诗不可以吃饭。

刚开始孩子好奇，会认真执行；中间孩子会找理由不背诵，但爸爸坚持原则，孩子有两次饿着肚子去上学；坚持半年后，孩子主动进行背诵，现在已经成为一种自觉行为。孩子为了快速背下来，注意力高度集中。这种能力迁移到学校的学习中，使她的成绩特别好。二年级写看图作文时，孩子并没有表现出明显写作优势，但到了三年级，她开始主动练习写作。我想在未来，她绝对不会为阅读、写作发愁。孩子的梦想是参加诗词大会，我想孟宝会有一天在诗词大会上闪闪发光。

孟爸爸是一个普通人，但他有一般人没有的恒心和毅力，也比一般人多一份责任和担当。他在认识到诵读的重要性后，主动带领孩子背诵，采用各种方法坚持下来。

日积月累的力量非常强大。三年后孩子可以背 1 000 首古诗，在中国又有多少人能背诵 1 000 首古诗呢？六年后孩子可以背诵 2 000 首古诗，那绝对是顶尖专家水平。这样的储备，还用担心语文学不好吗？还用害怕作文没好词吗？同样的道理，如果每天坚持背诵一个单词，孩子小学毕业时单词量都可以达到 10 000 以上。每个不普通的孩子背后都有父母支撑的刻意练习。根据孩子特点进行背诵、诵读、阅读训练，每天 20 分钟，坚持下来，每个孩子都会了不起。

1. 选一项活动坚持下来

吃喝拉撒、行住坐卧、言谈举止，这些不起眼儿的能力影响着人的生命状态。这些本能无需学习天生就会，但若想掌握科学方法，或者成为护佑一生健康的习惯，是需要耐力与方法的终身课题。家长要从小事入手，从细节抓起，像重视吃喝拉撒一样重视某一项活动的坚持，以一项活动为抓手牵引出孩子的内驱力、自尊心、自信心。比如，默其的课外阅读贯穿整个小学阶段，她既能利用整块时间阅读，也能见缝插针阅读；只要是文字的东西就喜欢读，阅读让她知识丰富、情绪稳定、高效专注。阅读能力不是半年一年训练、读三本五本书就可以养成的，它是一个长期的渐进的过程。

家长要根据孩子特点，选择一项有益的活动长期坚持，比如每日诵读、听歌、跑步、写日记等都可以。我认识一位爸爸，每天孩子出门前，都在家门口给孩子拍一张照片。孩子在写《我的爸爸》这篇作文时写道："爸爸是一个普普通通的人，他最大的优点就是坚持，每天坚持给我拍照片。虽然有时我会觉得他很烦，但这件小事让我明白什么是真正的爱。"

2. 坚持的前提是寻找正确方法

工欲善其事，必先利其器。做事的前提是掌握正确的方法，在坚持过程中不断调整方法，在正确的方向上不断精进。

前面提到的孟宝，最开始的背诵是爸爸和孩子一起读，帮助识字量有限的孩子通过音律记忆；后来是爸爸先教会孩子不认识的字，然后孩子自己熟读背诵；现在孩子自己会查字典，然后快速进行背诵，并且每晚把背诵的古诗抄写一遍。在每日背诵一首诗时，对前面背诵的诗歌进行滚动复述，以五天为一个循环，每天背会一首、复习四首，每十天一次检测，每月一次小结。这样符合记忆规律的方式会让古诗内化成持久记忆。

在获得正确方法的时候，父母与孩子的互动和沟通非常必要。“坚持下来”考验的是父母，而不是孩子。

3. 梦想让坚持充满动力

很小的时候，我们就给默其种下了当作家、当画家的种子，总是欣喜地赞美她成长中的各种努力。在她第一本书的写作过程中，没想过一定能够出版，但告诉她写完我们就一起投稿。投稿的梦想支撑她写完了故事，不懈地坚持也让梦想成为现实。在坚持过程中，美丽的梦想就是一个坚定的目标。前面的孟宝，她的梦想是要登上诗词大会的舞台，在那个舞台上，她看到了榜样、看到了差距，更看到了自己和差距的缩小。梦想有多大，舞台就有多大，家长要帮助孩子走在实现梦想的路上，即使梦想难及，努力的过程也会让生活多姿多彩。

有家长说，我一直在让孩子坚持学习，让他保持班级第一的位置。这样的坚持是自虐。他山之石，可以攻玉。若想让孩子学业优秀，需要在培养能使学业优秀的能力上下功夫。比如，若让孩子爱上阅读和写作，就需要从让孩子坚持去图书馆读书开始。万法归一，业精于勤，荒于嬉。

父母平时工作忙，怎么才能做好家校合作？

在学校和家庭的完美配合之下，孩子才有了不断成长的空间。老师和家长的沟通，我选择以书信方式进行，相信这些信件的内容对于初中生家长会有很多启发。

第四章

互动篇

初中住校后的小离别，写满了牵挂的真切和成长的欣喜。

小别离，避免了青春期和更年期的冲撞，没有体验到有风有雨的交锋时刻。

班级每周有《心桥》小报，我的反馈以书信方式进行。文字传递着温暖，真诚地沟通是家校共育的典范。给老师的信，孩子总会提前阅览。想对孩子说又无法表达的内容，她都会接收到。

每封信都是真实的，记录了初中三年的心路历程。焦虑不解决问题，积极的态度是基础。认真对待每一封反馈，老师感受到的是尊重和真诚，这比俗气的礼物更有意义。

交流需要智慧，引导需要方法。尺牍情深的文字里，藏着许多有趣的故事。哪儿有什么一帆风顺？坦然地面对成绩起伏，告诉她自己负责就好了。

初中生看起来不愿意和父母进行深度沟通。其实，他们很在乎父母的态度和想法。书信是一种高雅、高效的沟通方式。认真给孩子写一封信，相信他会看得很仔细、很认真。

第一节
初一上

默其不是什么天生学霸，向时间要效率，这很重要。

默其初中就读于东北育才外国语学校，入学后被分配到重点班。学习成绩经历了不断攀升的过程，从第一次月考的 34 名逐渐稳定在班级前三。其间成绩起伏，遇到不善人际交往、不想上学等各种问题，但整体保持了积极向上的状态，也完全适应了住校生活。通过这些信件，大家会发现默其不是什么天生学霸，她在学习道路上一直往前走，向时间要效率，这很重要。

第一封信：祝您节日快乐

值此教师节到来之际，祝您节日快乐！

非常幸运，孩子能够在您所在的班级读书。孩子入读育才外国语学校，是没有准备的事情，最终选择，主要是因为重点班的光环。我们很清楚，在这个优秀的集体里，孩子会面临很多困难，心理压力、学业压力都会非常大。如何适应环境、如何规划学习、如何选择发展方向等，我们还没有足够的心理准备。

走过了军训和正常住校一周的学习生活，总体感觉孩子能够适应。虽然有睡前说话等不规矩行为，在迅速入睡方面还存在一些困难，但相信在老师的教育引导下，孩子会很快改掉毛病，努力做一名守纪律的好学生。没有规矩，不成方圆。在家散漫的孩子走到集体里面，遵守纪律是第一前提，我们支持老师严格要求她。

军训那周，孩子回到家要吃的、要喝的、玩儿电脑、看课外书，没有一点儿紧张的样子。这周回到家，明显感觉到她在学习方面的主动性提高了，进屋就张罗写作业，参加课外学习班没有任何抱怨，这在过去是不可想象的事情。在谈话中了解到，她对自己的学习评估是：数学一般，英语一般，语文稍好，班级里学霸云集，自己综合排名大约为 35 名左右。我们帮孩子在学习方面进行了客观分析：小学阶段补课不多，练习更少，成绩不突出情理之中；能够进入这个集体，说明基础扎实、思维能力强，小学阶段的大量阅读和充足社会实践为初中学习奠定了好的基础；只要扎实认真，跟住老师，成绩有巨大上升空间。孩子目前比较自信，也对未来充满信心。

从实际情况看，孩子在英语学习方面畏难情绪大，关键是背课文、背单词。小学阶段，她没有接受过严格训练，突然高标准要求，自然露出了很多马脚。不过，这种有压力的学习是我们家长欢迎的。看她准备作业时的紧张样子，对她的未来增加了一份信心。

开学以来，我们一直通过班级微信群和 QQ 群来了解孩子在校的学习生活，电话是家长和孩子沟通的唯一渠道。能够在周末看到老师办的小报《心桥》，这让我们非常开心。老师认真准备的《心桥》，涵盖了学校生活的方方面面，清楚地介绍孩子在学校的整体表现。在此，对老师的辛勤付出表示感谢。如果说让我们提出意见，我想主要有以下几个方面。一是关于数学特训。选拔优秀数学学员进行强化训练，将进一步拉开学生的差距。如果对目前成绩不够理想的孩子多一些训练，是不是更能够提高整体成绩呢？二是关于身体健康。除了上午大课间外，建议下午或者晚上能够安排跑步训练，锻炼体魄、提高耐力，良好的身体素质是应对未来的资本。三是关于课外阅读。建议允许孩子在完成作业的情况下，能够自主进行课外阅读，以此开阔孩子视野，丰富知识结构。

再次感谢老师们像妈妈一样照顾孩子。

（2017 年 9 月 10 日）

第二封信：正视困难，愈战愈勇

孩子第二周住校，家长本来应该更放心，可是这周的心绪并不平静。

一是周二、周三，孩子连续两天打电话说想回到原来的学校。揣摩她的话里话外，结合她的心理特点，分析原因如下：一是觉得苦，住校不如家里吃得好、住得好、各方面有人照顾；二是觉得不自由，晚上四节自习课连续学习，不能随意走动、吃喝、坐卧；

三是觉得生活单调，三点一线，没有电子产品，也不允许读课外书；四是觉得紧张有压力，学习、考试、做题、背单词，认真学习的滋味不好受。在经过客观分析后，我从接到电话后的惦念和焦虑中走出来，正视她所遇到的问题和存在的心态。周末，我们就住校问题有了交谈，让她与原学校的同学做了沟通。她了解到普通中学的孩子普遍没有午睡，晚上需要学习到十点半以后；学习非常紧张，作业量很大，大考小考非常多。有了这个比较，她对住校状态应该有一点儿小满意，也不再央求我回到原来的学校学习了。

二是关于学习成绩。我们不清楚孩子入学和分班时的成绩，对于进入一班，虽然有一点儿虚荣心的满足，但也预见到将面临极大挑战。只不过，我们对于挑战和压力的认识不充分，应对也不是非常积极。面对孩子的成绩单，我们承认在小学学习过程中，对于住校、读育外均没有认真准备，所以外语底子薄、数学基础差、语文不应试。但这些都不能作为成绩差的理由。成绩不理想，关键还是没有养成好的学习习惯，不会预习、复习，不知道多练习，学习方式还停留在小学的耍小聪明阶段。我们会鼓励孩子抓住初中一年级的学习习惯养成和英语桥梁课的过渡机会，认真学习、踏实努力，保持积极向上的心态，不断超越自己。

三是关于军训表演。孩子在小学六年级经历过一次为期五天的军训，有丰富的经验来完成这次军训。看到她在军训表演中融入集体的身影，真心地感觉一班的状态是最好的。她对军训不兴奋，疲惫的感觉可能更强一些。这个小孩儿不是很热情，有时看起来有些消极，对此，我们也在不断地鼓励和引导她，希望她会做一个为集体争光的人。

在一班这个优秀的集体中，孩子感到骄傲，也体验着挫败。古人云：近朱者赤，近墨者黑。希望孩子能够正视困难，愈战愈勇，不断体验攀登的乐趣，做一个诚信、上进、负责、自律、文明的少年。

潘老师，住校期间，家长和孩子的沟通渠道非常有限。老师发现孩子有什么问题，希望能够及时指出。感谢老师对默其的帮助。

（2017 年 9 月 16 日）

第三封信：做表里如一的好孩子

很高兴，孩子在过去的一周，积极参加学校体育节，在女子中长跑中取得好成绩；不断调整学习状态，数学成绩有了一定提高；能够自理、独立，生活安排很有节奏。孩子回到家，能够分享校园点滴，已经逐步适应了住宿生活。

在阅读《心桥》时，发现孩子因不注重细节被扣分，对此，我们向孩子了解了实际情况，并且告诉她不要为自己找理由，不能推卸责任，要勇于担当，自觉改正，做表里如一的好孩子。希望孩子能够加强自我约束和管理，做更好的自己。

默其的英语成绩比较靠后。问她上课是否发言，她说基本没有；问她原因，她说别人都学得太好了；问她是否听得懂，她说很多听不懂，但能明白意思。看来她在英语课堂上还不能有效吸收内容，学习质量不是很高。还有一个问题，她总说自己记忆力不够好，背单词很慢。我帮她分析原因，一是没有背单词的好习惯，二是很多人之前都背过了。要提高单词记忆能力，除了多练、多背、多复习，没有其他更好的办法。她对于我的建议，似乎不以为然。在背单词和英语学习方面，希望老师能够给一点儿建议，鼓励她勇敢发言。

开学以来，她多次说自己是学渣混进了学霸队伍。听得出来，她对自己的学习状态和学习基础都不是很满意。在高手云集的一班，如何提高学习效能，激发战斗欲，会是未来一段时期家长要做的重要的事情。

再次感谢老师对默其的关心和照顾。

秋安。

（2017 年 9 月 23 日）

第四封信：开始在意排名了

经过六天的连续上课，在我的工作接受完上级检查后，迎来了和孩子的团聚和一个长长的假期。

过去的一周，孩子在各方面都有进步，甚至在表扬名单中看到了她的名字。对于孩子的进步，有一丝小确幸。毕竟，她知道了努力，不断地奋勇向前。这种力争上游的品质，过去在她身上很少出现。

默其比较散漫又很容易满足。小学阶段，老师们都说她完全可以更优秀，但她就是不紧不慢地生活，从来没把学习放在主要位置。对于她的学习态度，我有一定责任，总觉得女孩子没必要过斤斤计较的生活，凡事都要争个一二，对未来生活未必是好事。出于这样的心态，我对她的要求往往是没有要求，顺其自然中也养成了许多坏毛病。

进入初中，选择育外，在我的内心深处是想逃避中考，不希望孩子有过重的学业压力。可是，现实给了我们沉重的一击，周练的各科排名是明晃晃的差距。面对学习成绩，我在心里着急，但在语言上还是鼓励。没有想到的是，孩子开始在意排名了，这是一个可喜的变化。

接她回来的路上，默其说：自己已经被育外同化，喜欢刷题的感觉。这真是让人意外，这个小孩儿可是从来没有认真做过一张卷子呀！国庆假期，她能够主动写作业，虽然还要看动画片和玩儿小游戏，但会主动控制时间，把握分寸，这也是一个可喜的变化。

学习是一个漫长的过程，无论成绩怎样，希望她能始终保持对学习的热情，能够努力向上。

感谢潘老师对孩子们的教育和引导，也很喜欢一周一期的《心桥》。在《心桥》上，我们可以看到孩子们的成长和变化，更能感受到老师对孩子们的良苦用心。好环境已经就绪，孩子非常安心。学习靠自觉，我们会继续鼓励孩子做优秀的自己，在育外的纯净氛围中，度过一个无悔的青春。

感谢老师！

秋安！

（2017 年 10 月 3 日）

第五封信：最美丽的开始

这一周，孩子给了我们一个大大的惊喜。排名进入前三，这是做梦也没有想到的事情。事实上，这一学期我们确定的小目标是班级前二十名。面对突如其来的好成绩，除了惊喜，更多的是理性地分析和理智地面对。

理性地分析，孩子前几次成绩，数学和英语表现比较稳定，语文不够理想。针对语文在古文和阅读方面的问题，曾想过找补课班，但经过再三考虑，还是决定让她先适应初中语文学习，慢慢调整学习方法。这次语文成绩提高对她整体排名提升起到了关键作用。理智地面对，一是成绩提高树立了孩子自信心；二是一次成绩提高不是综合实力的真正较量；三是要找准自身存在问题，在英语和语文学习方面还要下真功夫，数学还需要提高做题准确性。有了这样的判断，孩子也欣然接受继续努力的方向。可以看出，这次考试后，她的自信心明显增强，对学习的热情空前高涨。我们也会抓住这次契机，学会更加合理利用时间，不断提高学习效率。

默其粗枝大叶、随性率真，在生活和学习上对自己都没有严格的要求。比如，学习方面，每次小考成绩忽上忽下，耍小聪明依然是她的弱点；生活方面，在宿舍里还有表现不好的时候，自我约束能力还需要提高。这些小问题不及时改正，可能会给后期学习带来压力。对于这一点，她似乎有所体悟，但还需要时间来修正。我想，在一个充满力量的集体中，孩子会越来越懂得什么是竞争，如何参与竞争。只要她愿意向前、向上，我们会看到一个越来越好的少年茁壮成长。

现在，默其已经完全融入了育外的生活。开车路上，她感慨地说，自己似乎对外界已经无感，自己已经成了育外的一部分。孩子能够在安静的校园中全情投入，这，就是一个最美丽的开始。

感谢老师对默其的鼓励和引导！

秋安！

（2017 年 10 月 14 日）

第六封信：为曾经欠下的债努力

盼望着周五，除了和孩子团聚，更是为了看到《心桥》。这是一份充满了激情和能量的小报，也是饱含情怀和智慧的小报。在其中，我们可以了解孩子的学习和生活状况，也可以感知到老师对孩子的认真和负责，更可以学到教育孩子的方法。感谢老师们，用这种方式架起家校沟通的桥梁，用这种方式让家长获得实实在在的放心。

默其继续在为曾经欠下的债努力，小学阶段英语学习没有目标和方向，单词量欠缺、语法知识不透，这些都让她在学习中面临压力和挑战。诚如《心桥》中的一段话：任何取得一定成就的道路上总是伴随着曲折、充满着艰辛，要想有好的学习成绩，就必须要努力，要辛苦付出，这是每一个孩子学习的责任。别人的成绩都是用时间和汗水换来的，自己的进步也同样需要付出和努力。在新的阶段，必须付出比他人更多的努力，才可能不断地追赶和超越。在接下来的英语学习中，单词量依然是短板，除了努力，没有捷径可走。

默其的数学成绩不是很稳定。在沟通中也了解到，她的问题出在态度上，就是小考不认真，在读题、计算等方面马马虎虎，检查阶段又没有耐心。这个问题，是她的短板，其中一部分是性格因素，更多的是因为练习少、基础薄。对此，还需要孩子在学习中积累经验，在教训和训练中不断地克服弱点，真正让数学学习做到稳、准、快。

晚自习哨响后不能迅速进入学习状态的批评名单中有默其的名字。和她进行了交流，希望她能够在学校始终保持昂扬的精神状态，上课认真听课，自习安心学习。可事实上，她目前对自习课还没有很好地利用，经常会有无所事事、闹心烦躁的情况。要想解决这个问题——从形式上做到守纪律比较容易，但做到实质上高效率利用时间还需要不断引导。

祝贺默其进入自管会传媒部实习。希望这份工作能够带给她更多动力，学会处理好工作和学习的关系，在积极参与校内各项活动中全方面锻炼自己。

感谢老师对默其的鼓励和引导！

秋安！

（2017 年 10 月 21 日）

第七封信：坚定了走自主学习道路的信心

接到孩子的时候，她第一个汇报的情况就是周四下午潘老师出差了。问她是不是作业少了，她说老师都会有安排，一样也不能缺。的确，老师通过微信群转发了各科老师的意见、作业和周练的成绩，感谢各位老师的辛苦付出。老师出差在外，还要惦记着这群可爱的孩子们。

上周参加了学校年部组织的学业指导会，几位老师的精彩发言对我触动很大，我也更坚定了少补课、多自学的学习方法。周末和孩子交流，她认为，数学还是需要在外面学一下，既有提高，也有拓展；英语的短板在单词，背单词的效率还不够高，单词成为拖后腿的重要内容，目前的马克英语高中语法班坚持学完，然后再考虑其他课外内容；日语在暑假学了一点儿，现在不再上课，适当看一些动画片，能有意识地接触日本文化。孩子对自己的学习状况有比较清楚的认识，对于该学什么、怎么学习都有明确的想法，剩下的就是自控力和坚持。

这是一个金色的周末，随处可见黄得耀眼的树木，想带她出去走走，可是，她以作业多为理由拒绝了我的安排。她说，上一周因为传媒部的工作耽误了四节自习，希望能够利用周末补回来。我很支持她参加学校的活动，还给她讲我学生时代在学生会工作锻炼的经验。我们鼓励她，在工作中得到的锻炼可以受益终身，有些能力和经验甚至比学习知识点更有用。要想做好学生干部，要想让同学们信服，除了工作能力外，重要的是学习成绩优秀，否则，无法真正得到老师和同学的信任。她对于我们的意见没有反对，这大概就是接受吧。

这一周，她的各科成绩还算稳定，与预期目标相比略有突破。我们一直鼓励她，接受基础差距，逐渐缩小差距，小步慢跑，坚持就是胜利。

秋安！

（2017年10月27日）

第八封信：看不见的情商课让她变得独立而美好

时间过得真快，转眼就要到期中考试了。不论孩子在期中考试的成绩怎么样，过去的时间里，我都欣喜地看到了孩子各方面的进步和成长。下面和老师汇报一下。

一是学习有进步。从开学时的小白，到成绩不断地提升，孩子告诉我，她在学校非常努力。每一次进步，我都告诉她，这是在用时间换取成长，随着时间的推移，和学霸的距离会越来越近。她对自己也充满了信心。当然，在看到进步的同时，我们也清晰地看到，自身存在不稳定、不扎实的问题，欠缺的东西还很多。

二是思想上有提高。从入学时的不适应到现在的接受住校生活，中间经历了许许多多的心路历程。在这个过程中，她没有选择放弃，而是在努力地证明"我可以"，这足以让我们感到骄傲和自豪。因为住校产生的距离，家长和孩子之间的交流变得更加顺畅，她愿意听大人讲曾经的住校生活，也分享她现在的住校时光。这种近似于朋友之间的交流方式，让我们看到了一个少年的成长。

三是生活上得到锻炼。入学以来，她参加军训、运动会、自管会，每件事都游刃有余，看到了闪闪发光的自己。在独立生活方面，能够面对调寝的挫折，自主处理与同学之间的关系，开始分析与人交往的分寸，这些看不见的情商课让她变得独立而美好。虽然还不能够主动洗内衣，但自己的物品管理有序，学校要求的餐厨任务也认真完成，这些让我们对她未来的独立生活充满了信心，不会担心接到如何做蛋炒西红柿的越洋电话了。

下周就要进行期中考试。看她认真复习的样子，知道她已经逐渐掌握了学习方法，学会了自主学习。能够自己安排好学习、工作，这也许比一时的成绩更重要。尽管如此，我们还是希望她小有进步，不断成长。

感谢老师对孩子的倾心付出。

秋安！

（2017 年 11 月 4 日）

第九封信：好妈妈的前提就是以身作则

虽然还是见字如面，但刚刚结束了家长会，您的话语犹在耳畔。此刻再写反馈，就像和朋友倾诉，顿感亲切起来。

周五家长会上，老师全面介绍了开学以来班级的整体情况。在其中，我似乎看到了孩子的影子，也对孩子的一些表现有了新的认知。老师的介绍非常客观、公允，解答了家长内心潜在的一些焦虑和矛盾。在此，真心感谢老师的辛勤付出，孩子的成长和进步离不开老师的教育、引导、鼓励和支持。

从某种程度上讲，我觉得自己是一个基本民主，但兼具各类型缺点的母亲。做母亲以来，我不断地学习育儿经验、研读各类家庭教育类图书，对家庭教育认知不断深刻。但是，由于自身性格因素和原生家庭影响，我还无法始终如一地控制情绪，始终做一个目标明确、意志坚定的母亲。尽管孩子住校后，亲子时间明显减少，但对孩子的教育和引导任务丝毫没有减少，反倒是要求家长能够从更高层面上来教育和引导，提高相处时间的整体质量。这，对我来讲是挑战。我想，做一个好妈妈的前提就是以身作则，自己热爱生活、喜欢读书、不断进步，才能够要求孩子同样做到。所以，孩子不在家的日子，也是我学习成长的好时光。

默其期中考试又给了我们一个大大的惊喜。实事求是地讲，她考完之后觉得不满意，有该会的地方答错了，该掌握的知识没复习到。这从一个方面说明，她对自身知识掌握程度和对卷面的把控能力十分强大，不至于在答题时分不清对错是非。对于一个以“学渣”自评而进入一班的孩子来讲，我对她的要求就是努力了、进步了就好，我们希望她通过时间来缩小和同学的差距，用心体验进步的感受。可以说，她的进步超过了我们的预期，但她的排名还具有不稳定性。回家以后，我们肯定了她在期中考试中取得好成绩这件事，也帮她分析了卷面存在的问题——语文、外语的扣分点很多都是因为基础不扎实、背诵不过关。俗话说：基础不牢，地动山摇。希望她能够继续强化背诵基本功，在学习上下真功夫。

家长会后，有人问我她的综合课是怎么学的。对此，我真的没有发言权。我想，对于完全陌生的学科，她能够取得较好成绩，一是认真听课，二是适度复习。她的成绩证明了这两点，我们也肯定她对待新知识的态度和认真学习的品质。

现在，孩子已经不再后悔进入育外了，相反她开始喜欢育外的住校生活。也许，是不断进步的学习成绩带给她信心和希望吧。家长会上，您说孩子要有长远目标和规划，其实，在是去日本留学还是参加国内高考的选择上，我们一直没有明确的方向。初中阶段，我们还是希望她认真学习、广积博览，积累能有更多选择机会的本领和能力，将来无论到哪里，都可以做一个有教养、有修为的好女孩儿。

感谢老师！默其有我们家长看不到的不足，还请您及时指出来。万分感谢老师们的辛苦付出。

冬安！

（2017 年 11 月 12 日）

第十封信：大人尚且存在极大的惰性，孩子也会有

上一周没有及时写信，是惰性使然。大人尚且存在极大的惰性，孩子也会有。在要求孩子自律、上进的同时，家长似乎更应该做到坚持始终，不忘初心。

我和孩子交流了相关的心得感悟。因为妈妈承认了自身存在

的不足，孩子也坦然地说出自己的想法。比如，自习课上有无所事事的时候，上课时有心不在焉的状况，学习上有应付的心理。我很欣喜孩子能和我像朋友一样交流，我也鼓励她看到不足就努力改正，我们在互相鼓励和监督中共同成长。

这一周，接她回来的路上，她的话匣子打开了。

一是讲了监督晚自习。监督过程中她基本没学习，认真记下了每个孩子的问题。最后总结出的问题有四十余条，以至于让被监督班级的老师和同学都感到尴尬。我一是肯定了她认真负责的态度；二是指出她有第一次做事情的兴奋和紧张；三是表扬了她事后对自己的做法有所反思；四是建议她将监督的重点放在学习上，而且要以自身言行树立榜样。

二是讲了老师让她当班长的事情。她说和老师讲了推辞的理由，是自己威信还不够高。对于这件事，感谢老师对孩子的信任和认可。从实际情况看，我们觉得她目前的学习状态还不是很稳定，还需要时间来弥补此前拉开的距离，也希望她能够打好学习根基。另外，孩子觉得传媒部的公众号制作花费时间很多，她希望做好每一份工作，在成绩上再下一些功夫。我对孩子的建议是，因为学生干部工作花费的时间完全可以通过提高效率追赶回来，有压力才有动力，所以在班级里要积极配合老师和其他同学的工作，靠自己的一言一行做一个让人信服的好学生。

三是讲了“一二·九”长跑和包饺子活动。尤其是在讲包饺子活动时，谈到和其他班级老师交往的片段，也为大家夸她饺子包得好感到自豪。默其从小喜欢运动，也愿意参与家务劳动，所以对于学校的活动不感到措手不及。我对孩子讲，经验是宝贵的财富，在和人交往中要注意分寸和场合。今天的所有努力都是为了明天可以自由地生活。

周末，她看了一部电影、读了一本书，周日才开始写各科作业。她说自己的心情像花开一样美丽，感谢这段初中生活带给她的美好体验。她自己说，还有两周又是月考，一个月以后就是期末，学习压力还是很大的。希望她能够合理规划时间，高效利用时间，在期末依然能够闪亮。

冬安！

（2017 年 11 月 26 日）

第十一封信：孩子的成长唤醒了成人的过去

上周一直在外出差，来回接送都是家长朋友帮忙，我切实体会到育外大家庭方方面面的温暖。

周末的时间非常紧张，因为英语竞赛，不能充裕地安排晚餐，晚上的课程也面临着迟到的问题。孩子不想去上，我还是坚持让她去了。因为前几周家里有客人就耽误了一次课，如果这次再满足她，恐怕以后不上课的理由会变得更多。还好，她尽管不高兴，还是配合着去了。她知道，妈妈有很多工作要利用晚上的时间处理，她上课的时候，就是妈妈工作最有效率的时光。

上周四，在微信群里看到孩子在语文选修课上的表演，我竟然被跌宕的剧情感动得落泪。在我的眼中，她是个不善于表演和朗诵的孩子，没想到她在对白中将情感拿捏得十分到位，字正腔圆间颇有韵味。回家问她当时的感受，她只是淡淡一笑。

默其当编辑已经有模有样，这方面的能力已经超过了爸妈。我和先生在大学时代都做过宣传工作，那时也就是画个板报、出个小报一类的。现在看她对新媒体编辑工作十分专注，我们也似乎看到了过去的自己。

孩子的成长唤醒了成人的过去，但父母不能让孩子去实现自己未曾实现的理想。她的梦想还在脚踏实地间。

冬安！

（2017 年 12 月 2 日）

第十二封信：平时像考试一样认真，考试像平时一样轻松

上周是第二次月考，孩子感觉答得非常糟糕，尤其是数学错

了基础题。这对她也许是好事。初一阶段的成绩反反复复，应该是一种常态。我们鼓励她，继续努力。

小学时候，和她经常分享一句话：平时像考试一样认真，考试像平时一样轻松。她没有考试的紧张感，但这次似乎玩儿大了，不知道为什么没有复习政治学科。这个小孩儿丢三落四的毛病，总是要不定时发作。已经有两次，在走上返校的路后才想起没带饭卡，然后再匆匆回家取。

周五接孩子的时候，同寝室同学的家长和我提起孩子之间有矛盾。路上聊天时了解到，孩子们写过其他孩子毛病的文字。对于这样的事情，我给她打过预防针，但真的遇到问题，在如何引导方面确实准备不足。她和我提到这周因为有的孩子用闹钟，凌晨四点就叫，她被吵醒就很难入睡。我说你可以提醒对方注意调整好时间。她说提醒过，对方也说调好了，可闹钟还在四点多响起，严重影响睡眠质量。对于这样的寝室冲突，我们不希望激化处理，可也不知道如何妥当解决。现在能做的，就是告诉孩子做好自己，包容别人，不要斤斤计较，要多一点儿担当。希望老师能够在孩子们的人际交往方面给予指导。

自家孩子的每件事情都是大事，可对于老师来讲，每天要面对的是 51 个孩子。感谢老师对孩子们的教育和引导，真心希望孩子们在学校收获的不仅是学业的进步，还有浓浓的师生情和暖暖的同学情。

冬安！

（2017 年 12 月 9 日）

第十三封信：基础不牢，地动山摇

月考成绩如她所言，不甚理想。在学霸云集的一班，成绩起伏对她来讲充分印证了“基础不牢，地动山摇”的道理。唯有不断努力，才能不断进步；点滴积累，才能超越向上。

孩子的精神状态非常好，开始关注学习成绩，开始有了比较之心。这在小学阶段是没有的事情。我们期望她能够通过每一次考试找到自身存在的问题，然后持之以恒地去努力。她认为自己的薄弱科目是数学，积累不够导致存在知识盲区，所谓马虎也是理解不到位、练习不到位造成的。改变这种状况的方法，除了需要细心之外，还要适当拓宽知识面，增加学习难度，假期准备集中学习一段时间。英语学科较比开学之初有了很大提高，但和学霸相比，差距还很大；语文学科优势是写作，但不足是基础和古文，阅读答题套路还不太了解。这两个科目，暂时还是以学校学习为主，学有余力时再适当拓宽。

孩子说班级竞选她准备不充分，选票不是很多。她说自己准备得不够充分，就是不知道如何更好地处理人际关系。说实话，孩子在学校的人际交往情况，我并不是很清楚。她不爱谈论学校生活的细节，只有在启发诱导之下才会讲一些事情。我想，有时间需要向老师当面了解一下她在校生活的具体情况。

时间过得真快，转眼就到期末了。希望孩子能够专心复习，不断向上，实现自己的小目标。

冬安！

（2017 年 12 月 17 日）

第十四封信：在学校是个好学生，回家想做会儿坏孩子

时间过得真快，在立冬、圣诞、元旦的欢乐气氛中就要迎来期末考试了。孩子很期待期末考试，大概是因为考完试以后就可以放寒假了吧。

期末考试对孩子来讲是一件有意义的事情。如何做好期末复习，想和她认真谈谈，可是她只是告诉我：在学校她会努力的。那么，在家呢？上初中以来，我们第一次发生冲突，原因很简单，她每周回到家都要看一两部电影，把看电影作为主要事情分配时间，甚至会导致写作业时间有限便草率应付的情况发生。周六三番五次提醒她先写作业，可她还是以“马上、马上”的话语来应付

家长。看着她坐在沙发上看电影的投入样，我是又急又恨。

出门路上，有意识地和她讲要学会时间统筹，要把紧急的、重要的事情优先完成，然后才能够安排其他事情；讲我在工作岗位上处理复杂事情时，都是在上班路上想好工作内容，到单位立即执行，下午时间处理其他事务。不知道她是否听得进去。但她说自己在学校是个好学生，回家想做会儿坏孩子。谁知道她的理论依据是啥呢？仔细想来，我回到家也不想工作，对孩子也应该有一份允许吧。

不管怎样，期末考试是对一学期学习状况的综合考察。希望她能够合理规划、提高效率、力争上游。

冬安！

（2017 年 12 月 24 日）

第二节
初一下

孩子有了准确的学习节奏，不再说自己是“咸鱼”了。

初一下学期的生活十分丰富。默其在学校高效学习，回到家里比较放松，成绩看起来不那么稳定，用老师的评语来说就是“平时看不见，关键时刻必闪亮”。出现这种情况，我认为是因为孩子补课不多，对新知有一个逐渐接受和不断消化的过程。默其学习没有功利心，主科、副科成绩都非常好，这也是优势所在。最重要的是，孩子有了准确的学习节奏，不再说自己是“咸鱼”了。

第一封信：每天进步一点点，努力寻找更美好的自己

开学第一天，老师在群中发了孩子们认真自习的视频，我的留言是：“孩子在学校比在家里还放心。”这是真心话。寒假里，孩子的很多时间被电子产品绑架，学习效率不高，看着又恨又急。说她几句，道理都懂，表面答应，但还是控制不住对游戏、聊天、视频的渴望。开学了，孩子在纯净向上的集体中学习，在老师的严格要求下，我们有什么不放心呢？谢谢老师们！

新的学期，新的起点，新的期待。希望她始终保持昂扬的精神风貌，积极参与学校和班级的各项活动；希望她培养良好学习习惯，掌握正确学习方法，不拖沓、爱较真、勤思考，自主安排时间，敢于挑战自我；希望她锻炼良好意志品质，微笑着面对每一天，怀有感恩之心对待老师和家长，敞开心胸与同学共度朝夕，学会做一个有温度的好女孩儿；希望她增强自信心，不再给自己

戴上“咸鱼”的帽子，从内心中焕发向上力量，自信阳光、敢拼敢闯，为未来闪光积蓄能量。

经过初一上学期，孩子已经完全适应了住校生活。良好的校园学习环境，让她的潜能得到释放。新的学期，对孩子的要求是：再勤奋一点儿，向珍惜时间的人看齐；再探究一点儿，不会的数学题不要放弃；再自信一点儿，背单词慢就要相信勤能补拙；再大度一点儿，学会多看别人的长处；再紧张一点儿，不要被电子产品和网络文学占据宝贵的周末时间。每天进步一点点，努力寻找更美好的自己。

一张一弛，文武之道。开心的假期结束，新的竞赛吹响号角，老师们辛苦了。作为家长，我们会积极配合老师，努力做到高质量陪伴，相互理解，彼此支持，三剑合一，家校共赢。

（2018 年 3 月 10 日）

第二封信：没有准备的竞赛意义不大

一直以来，我认为孩子需要培养自学能力，适量课外学习开拓思维，无需提前学习新课、围着课本转圈圈。上学期，尤其是在学校召开一次家长会后，我更坚定了不给孩子补课的决心，我们也很愉快而圆满地度过了第一个学期。

在上周，一个偶然的机会，听说很多孩子在学日语、补物理、上数学，我的心也有些乱了。孩子也要求提前学日语、暑假学物理，因为她看到初二的学长学习很紧张，要想出色并不容易。

这个周末，给孩子找了一个日语班，被动加入了补课大军。但我依然不敢相信，补课的效果到底能有多好。上学期，我见证了育外老师的责任心、专业性，也感受到孩子的努力和成长，良好的学习习惯和深入思考能力都有了极大提升。这学期，除了加一门日语，真的不想再补什么课了。不知道这种想法是否合适。

默其小学时钢琴八级，纯粹是妈妈的武力成果。她不喜欢音乐，也不爱唱歌。育外的音乐课让她烦恼，但孩子们在一起歌唱也激发了她的热情。上周，她终于同意练习唱歌，这个周六我们在歌声中度过了愉快的时光。也许，在今后的岁月中她的生命会因为歌唱更闪亮。

默其数学成绩极其不稳定，自己对参加数学竞赛没有获奖信心，最后选择放弃参赛。没有准备的竞赛意义不大，我希望她能够体会付出才有收获，努力才能成长。

上周老师在群里晒了三八节礼物。看到默其的小心思，为孩子的有情有义点赞。作为家长，我也衷心感谢老师对孩子的关心和培养，祝老师永远快乐。

（2018年3月18日）

第三封信：多让她自己做计划、整理物品

上一周，孩子挂电话的绳子坏掉了。临走时，帮她整理好物品，将电话放到了书包里。这个帮忙之举，带来的后果就是孩子误以为电话丢了，我们一周没有通上电话。

其间，也就是周四，她委托别的家长告诉我，蓝色抓绒校服的拉锁坏了。晚上给她送校服，见面时她只顾得上要食物，转身就跑了，告诉她在书包里找找电话，似乎也没有听到。

周末回到家，把电话翻出来给她。真不明白，东西没了为什么不会找一找！她的日语书找不到，问她有可能在哪儿，却一问三不知。后来提醒是不是在老师家，她才想起来放在了哪里。周六要写数学作业，又记起数学作业本忘在了学校。真是愁人哪！

都说勤快妈妈培养不出有好习惯的孩子，看来在今后更需要少安排、少提醒，多让她自己做计划、整理物品了。

入学以来的几周测试，她的成绩在 15 名左右徘徊。想和她谈谈如何提高，似乎很不耐烦。尤其是数学，计算不扎实的问题十分明显，周末让其多一些练习，配合得也不够好。看来，在学习方面，是需要从放手到看管了。本周给她提出计算要求，周末要将在学校做的口算题册带回家，汇报在学校的练习情况。

希望老师对她严加看管，也希望她在适应了开学状态后能够尽快进入到提升阶段，在成绩上有所突破。

（2018 年 3 月 24 日）

第四封信：我没有控制住情绪

先讲讲孩子矫正牙齿的事情。最初，没有意识到她牙齿存在太多问题，随着检查的深入，发现需要系统治疗，不得不找医科大学口腔医院的权威专家亲诊。专家的号很难挂，时间也受限。我们从寒假开始排队，直到上周才轮到。此后，将有一次牙套安装，然后还要每月复查，第一期治疗需要两年左右，第二期治疗还需要很长时间。以后，可能需要因为牙齿矫正请假了。

周四那天，单位安排下午一点开会。约好十一点到学校接她，可在校门口等到十一点半她才出来，她解释说找不到请假条，被老师要求写数学公式等问题。我没有控制住情绪，开始抱怨孩子不提前做好安排，不认真和老师解释原因。她刚开始情绪非常不好，一路上都别别扭扭地在说着下午不想回学校。给她送到医院后我赶回单位开会，时间刚刚好。等她矫正完牙齿，我的会议也结束了。她买了自己喜欢的点心，准备回学校。我们在返程路上默默无语。

周五学校组织了祭扫烈士陵园活动，孩子说心情很沉重。作为中国人，应该对革命前辈的牺牲进行哀悼，这是民族精神的传承。孩子是干净而向上的，希望她能够少受污染，不断努力。

看来，看牙的情绪阴霾已经被她自然消化掉了。孩子到了青春期，情绪起伏大是大部分同龄人的特征，但来得快去得快也同样普遍。我对自己没有控制住情绪有些懊恼，孩子的表现反而给我吃了一粒定心丸。

为了准备月考，这周给孩子准备了小科的复习资料，希望她好好复习，取得好成绩。

（2018 年 3 月 30 日）

第五封信：开始触底反弹的模式吧

新学期的第一次月考，孩子在排名上依然不错，但她自己的感觉并不是那么好。清明节放假，她见面就说自己考砸了，对自己的表现不满意。我对她说："过度放松让你状态不好，咱们还是抓紧努力，开始触底反弹的模式吧。"

在她看来，数学、语文都有不该错而错的地方，英语和其他同学的差距还很大，唯有继续努力，才能做到不被赶上。这种投入的学习状态非常少见。真希望她能够保持积极的学习态度，健康快乐地成长。

周五我到学校，就个人成果展的事情和相关老师碰了头。筹备画展需要一段时间，我们会抓紧时间整理她的作品。默其喜欢画画，地理笔记都成了画作，我们也希望她在艺术的道路上有所收获，能够成为一个有内涵的文化工作者。

上周一孩子的手机被没收，一周没有和她进行沟通，其间我们都很焦灼。希望老师对她严格要求，帮她杜绝类似问题出现。

（2018 年 4 月 15 日）

第六封信：画展在周末准备就绪

这一周，孩子终于戴上了牙托，正式开始了艰苦的矫正牙齿过程。孩子在学校见到很多同学做牙齿整形，已经在交流中做好了心理准备。所以，她能够适应吐字不清、吃饭费力等实际困难，没有任何情绪化的表现，很是让人欣慰。

上周学校组织了队列广播操比赛，又开展了每月美厨活动，还有老师上传了孩子们在樱花下肆意欢笑的照片，不得不感叹孩子们的生活真丰富哇。整牙那天下午，和她聊了很多，从她的话语中可以感觉到自信、欢乐的情绪，在愉悦的情绪中去学习，学习也变成了快乐的事情。

周末，和孩子共同准备了个人画展和作品展的相关资料。她的第二本童话文字稿已经修改完毕，本周开始了插画配图的准备工作。周末时间非常紧张，她在上课的途中问我："妈妈，你是不是周末最紧张了？"我告诉她："妈妈愿意陪你长大，如果你能把重要的事情优先做，不让我在路上开飞车的话，那一切都会更好。"

画展在周末准备就绪。看着走廊里摆放的孩子的不同时期的作品，我心中是满满的成就感。默其对这种展览还没有做好心理准备，对于将"拙作"展示出来感到羞愧。好与不好是相对的，希望孩子能够在作品展示过程中获得自信，以更加平和的心态看世界，扎扎实实走好每一步。

（2018 年 4 月 22 日）

第七封信：休息时可以看看课外书

上周有幸参加了班级的春季远足活动，第一次近距离观察班里的孩子们。真心感觉一班的精神状态特别好，与几个孩子的简单交流中，能够感受到他们身上积极向上的品质。看着老师跑来跑去的辛苦，真的非常感动。孩子在这样的集体中生活学习，是荣幸，也是财富。

原计划假期出行，但孩子说作业很多，主动取消了外出计划，安心在家里读书、画画、写作业。晚上到北陵公园走走，就当是放假休息了。

在成人的观念中，休息就是不去上班和工作；在孩子的认知中，休息时可以看看课外书。尤其是住校以后，孩子不愿意跟团旅行，更喜欢待在家里做自己的事情。面对这个不断成长和变化的孩子，我们会有一些不适应，但也必须接受孩子的变化，根据孩子的变化调整沟通策略。

认真读了本期《心桥》，谢谢老师为孩子搭建的平台和精神的引领，认真听话、积极向上的孩子一定会在这个团队中实现个人价值的最大化。默其在这个集体中受益良多，进步很大。她也有信心继续努力，用勤奋书写自己的备忘录。

今天是默其的生日。愿她在新的一岁，阳光自信、健康成长。

（2018 年 5 月 1 日）

第八封信：胜在终点的未必就是抢跑的人

感谢学校组织召开期中家长会和学业规划分享会，让我们更好地了解学校的课程设计、教育理念、教学思路，也让我们对孩子的学习多了一份放心。

一直以来，我对家长们竞相补课的做法比较抵触。在我看来，外出补课是对学校教育的不认同、不满意。住校的孩子，每周五天在学校封闭学习，内容应该很丰富，学习应该很高效。周末学校布置了各科家庭作业，这种情况下每科再安排两个小时的课程到底有多大用处呢?

在困惑和不解中，我也参加过一些课外学习班。用孩子的话讲，有一定用处。如果不补课，接受得没有其他人快，小考成绩不会好，虽然期末一定能追上，但过程会很累。正因为有人抢跑，才导致更多人跟跑，但胜在终点的未必就是抢跑的人。有了这样的认识，结合这次课程规划分享，我们更坚定了跟住学校老师，结合实际补充的学习思路，不盲目补课，重在提高自学能力。

从实际看，入学以来，她的英语成绩稳步提高，但自认为和高手比差距还是非常大。英语学习将侧重于对美国文化和文学的理解，把电影、文学作品作为周末学习的辅助手段。数学成绩起伏不定，关键还是计算能力比较弱、学习习惯不够好；简单的题会做错这个坏毛病，将是未来应对的重点和难题。语文成绩这次比较好，但还不是常态。我们希望她能够有更广泛的阅读，真正提高语文能力，而不单单是语文成绩。综合科目一直是强项，所谓的强，是因为学习的功利性少，更多的是对知识的兴趣和爱好。关于二外，我们很重视，也在环境影响下开始了日语学习。

目前，我们对学校的整体安排非常满意。提一个小小意见，希望能够在晚四，允许完成作业的孩子自主阅读课外书。记得有篇网文写道：没有大量阅读的孩子不要送出国。当然，随着国内高考改革，没有大量阅读的孩子也将不适合国内高考。所以，希望学校注重阅读，允许孩子自主阅读。

（2018 年 5 月 20 日）

第九封信：相信她会有办法解决问题

几周没有写反馈意见了，想说的话很多。

学校组织去大连进行为期三天的研学旅行。这种新鲜的活动体验，让孩子特别兴奋、开心。沉淀的喜悦足以让孩子有力量继续努力，争取在期末取得好的成绩。旅行三天，通过老师上传的图片，能够感觉到孩子的纪律观念、自我约束能力很强。老师在旅行中教给孩子的小声交谈、待人有礼、讲究卫生等细节，其实是在引导孩子如何成为受人尊重、被人欢迎的人。这对于以培养国际化人才为目标的学校来讲，是课堂上完成不了，而又是生活中必需的。感谢学校为孩子们全面成长所做的一切。

在和孩子交流中，她说老师在《心桥》中提到的一些孩子的缺点和问题，在她的身上都有体现，只不过没有被发现而已。能有这样的自觉和自省，还真是没有想到。走心的孩子积极向上，这是育外送给我们的最美时光。

默其的成绩还不稳定，核心在于训练不够。通过在育外近一年的学习，她的各方面能力都得到了锻炼和提升，尤其在学习方面获得的自信，让她在内心生长起向好的动力。每天进步一点点，每次进步一点点，日积月累的努力会结硕果，紧跟学校老师的步伐，相信她会越来越好。

周五参加活动后，孩子因为收拾会场，东西交由他人保管，导致放学后找不到物品。看到孩子流泪的样子，我告诉她遇到问题要积极解决，并且和她一起思考解决方案：一是弄清楚来龙去脉，二是向老师寻求帮助，三是吸取经验教训。所有事情发生后，结果都不再重要，关键是在经历中学会成长。目前，物品还没有找到，返校后，相信她会有办法解决问题的。

感谢老师对孩子的信任和引导。

（2018 年 6 月 2 日）

第十封信：构筑完整的人文知识体系，才能在未来越走越远

上周有几件事说一下。

制作板报。虽然老师打了电话、发了照片，但我以为是让孩子们合作完成。因为无法见面，所以就让两个孩子进行沟通。对

于给老师工作带来的不便，深表歉意。下次一定积极配合老师工作，为班级建设添砖加瓦。

配制眼镜。为此，特意请了假。在挑选镜框的过程中，两个孩子分别选了自己喜欢的，两个妈妈私下沟通都觉得和孩子有了代沟。孩子们越来越有主见，也希望她们在正确的方向越走越好。

失而复得。上周五“丢失”的物品在周二找到，给老师们添麻烦了。这件事是孩子成长中的教训：一是要看管好自己物品，尽量不要委托他人，给别人添麻烦；二是遇到事情不要慌乱，理清头绪后就会有章可循；三是育外的整体氛围和环境都非常好，不用担心在校园内丢失物品——当然，社会和校园是有区别的，自己要对自己的言行负责。

意外惊喜。孩子在语文、数学竞赛中都取得了让自己满意的成绩。看着她溢于言表的喜悦，我们共同分享着学业进步的快乐。孩子在育外的学习轻松高效，这是以前没有想到的。马上就要月考了，希望她继续稳扎稳打，关键时刻必闪亮。

周末见到了她的地理笔记，精美的手绘地图让人眼前一亮。她对知识的兴趣和学习的态度非常值得肯定，不因为所谓的小科、升学不考而忽视学习。我们觉得，没有功利性的学习更有意义，任何科目都要重视，构筑完整的人文知识体系，才能在未来越走越远。

胜不骄，败不馁。古训总是值得回味。看着她开心自在的样子，有欣喜，也有焦虑。不知道月考会如何。无论怎样，希望她能够认清自己，坚定地走好每一步。

（2018 年 6 月 10 日）

第十一封信：为她找到属于自己的学习方式而感到高兴

端午小长假，我们没有出去旅游，她安静地在家写作业、看动画片、读书，愉快地享受着属于自己的时光。她是喜悦的，月考成绩总体还让人满意，我也在一次次的测试中放松了神经。说实话，看她不紧不慢、散漫自在的样子，真替她着急。她说：“你知道我为什么在学校很努力吗？就是为了回家能够做自己想做的事情啊！”听她这样讲，我无语，我只能接受并尊重她在家的各种姿态。

周六下午，我们一起去了商店，她精心给爸爸选择了服装，给姥姥买了帽子，当然也挑选了适合自己的衣服，最后还问一问：“妈妈，就差没给你找到合适的了。”有她这句温暖的话，我十分欣慰。有女儿这样陪伴在身边，生活平淡而美好。

孩子上周拿回了地理笔记，这周又带回来生物笔记。我看着那些精美的图案，欣赏她的才华，也为她找到属于自己的学习方式而感到高兴。一直以来，我以为课本的学习很是枯燥，但现在我能感觉到她的乐趣。闲谈中，知道她非常开心，也很向上，讲究学习方法，也愿意为了集体付出汗水。

还有一个月就要结束初中一年级的学习了。在这段时间里，希望孩子能够记住开学时讲的“每天进步一点点”，始终保持谦虚谨慎的态度，认真做好期末各科的复习，为实现心中的小目标而加油。

（2018 年 6 月 17 日）

第十二封信：如果你很有才华，勤奋会让你绽放无限光彩

不出所料，返校当日的各科测试表现一般。假期里没有认真复习，自然知识掌握不牢。希望她能吸取教训，做好日常学习。正如《心桥》反馈中说的：“如果你很有才华，勤奋会让你绽放无限光彩。”

很快就要期末考试了，她似乎没有紧张的情绪，周末依然看很多动画片。家长固然很着急，也提醒她别人在跑步，她不能原地踏步，可是她依然我行我素，陶醉在自己的世界中。

她的哥哥高考 646 分，创造了属于自己的奇迹，默其跟着着实高兴了一番。此前她看着哥哥努力学习的样子，总是感慨着高

中生的辛苦；看到初二学长们背日语、学物理，也常感言育外的孩子很努力。希望身边的这些榜样能够给她力量、给她方向，让她更懂得奋斗和珍惜。

一直以来，我都认为她属于勤奋不够的选手。所以，希望她在本学期的最后一段，能够全力以赴，挖掘潜能，实现心中小目标。

愿老师能够严格要求，让她继续留在一班这个群体里绽放光彩。

（2018 年 6 月 23 日）

第十三封信：大量的中文阅读是有质量的生命积淀

如《心桥》中所言：时间的脚步总是走得那么快！来不及回味，就又变换了。7 月的期末考试就要到来，做家长的都希望看到孩子进步的成绩单，可孩子似乎并不紧张，依然快乐有序地生活着。

上一周，默其代表基础一部为新初一家长介绍了在学校的学习和生活。这一次发言，对她是历练和激励。看着孩子认真准备发言稿的前前后后，我也看到了一个不一样的孩子：认真做事——我说 PPT 差不多就行了，可她要求精益求精；把握分寸——我说你不能骄傲和满足，她说方向都在把握；面对进步——她说自己和优秀分子的差距非常大。看来，在育外这一年，孩子确实独立很多，对学习、对生活都有了自己的态度和方法，这让我感到十分欣慰。谢谢老师们对她的帮助和引导。

默其利用寒假，创作了童话《小兽》；利用周末时间，配制了 20 多幅插画，新书在这周就要面世了。因为在育外读书，她才能继续保持创作状态，开心地享受着成长的快乐。面对她的进步，心里有几分小骄傲，但我们始终告诉她：不要满足，每天进步一点点。

说回期末。希望孩子能够全力冲刺，认真总结知识点，击破薄弱点，给自己的初一生活画上完美句号。

关于学业规划建议：能否允许孩子在完成作业情况下可以自主阅读优秀中文图书？个人认为，无论孩子在国内还是出国，大量的中文阅读都是有质量的生命积淀。

感谢老师的教导！

（2018 年 6 月 30 日）

第三节
初二上

默其没有任何青春期的逆反，在学校和家庭中的表现越来越成熟。

开学第一次家长会，老师谈到“初二现象”和青春期问题。默其的初二生活紧张有序，学习成绩稳定，学生干部工作突出。尤其是她制作的校园公众号，整体质量非常高。默其没有任何青春期的逆反，在学校和家庭中的表现越来越成熟。

第一封信：青春期不是叛逆的言行

时间过得真快，转眼间就是初中二年级了。当她返校的时候，家长没有了焦虑，孩子也多了从容，我们都彼此祝福着开始了新的“小别离”。

一周回来，孩子讲到了新学期的变化：数学、语文换了老师之后，依然热爱每一个学科；突如其来的奖学金，让她兴奋地去期盼着新的学科竞赛；学习科目增加，作业量增大，学习节奏明显加快，但还能挤出自习时间画画；假期自测，犯了低级错误，有几分沮丧，又学会了严谨；一年级的新生有很多故事，回到大食堂有很多美食，新一季运动会开始准备了。言谈中能感觉到她生活在愉悦的氛围中。

都说初二是学习的分水岭。希望进入初二的她，能够更多沉稳、更多扎实，不骄傲，不任性，补短板英语，强美术之强，各学科齐头并进，为长远学习打下扎实基础。

初二会迎接青春期的到来。青春期不是叛逆的言行，而是成长的美好，自信于身体的健康，成长于快乐的当下，多读书、多交流、多思考，给岁月留下美好，给青春增添色彩。不要拒绝大人的唠叨，不要害怕异性的目光，做一个阳光纯净的女孩儿，让身边人感受到你的善良。

犹记得初一下的要求是：再勤奋一点儿，向珍惜时间的人看齐；再探究一点儿，不会的数学不要放弃；再自信一点儿，背单词慢就相信勤能补拙；再大度一点儿，学会多看别人的长处；再紧张一点儿，不要被电子产品和网络文学占据宝贵的周末时间。每天进步一点点，努力寻找更美好的自己。进入初二，依然将上学期的要求送给她。

明天就是教师节了，送给老师一个懂事上进的学生。衷心感谢老师对默其的教育和引导，祝福老师身体健康、万事如意。

（2018 年 9 月 9 日）

第二封信：就新学期规划进行了认真交流

每次读《心桥》，都会受到一次教育，得到一些启发，更钦佩老师们的认真负责，更感到自我提升的重要。

这一周回来，孩子感觉很累。为了备战运动会，她参加了

400 米、800 米的预赛，还要参加跳绳、十人十一足的训练，对于日常运动量很少的她来讲，这是十足的挑战。假期里曾想带她进行体育锻炼，但是由于各种原因都没有落实。现在突然动起来，明显感觉力不从心。她很焦虑运动会当天，参加四项比赛是否能够吃得消，如果出现意外该怎么办。不管怎样，运动会是挑战，更是锻炼，能够享受运动的快感，更应该知道不坚持运动带给身体的无力感。

第一周，她还没有明显的学习压力。这一周回来，她说初二的学习容不得马虎和放松，科目多、压力大、竞争强，唯有克服弱项，加强练习，提高效率，才能成为出色的学生。

周末，我们就新学期规划进行了认真交流。最后明确以下目标——

新学期寄语自己：各科均衡发展，竞赛争取突破，学习保持优势，奉献担当提升；

新学期寄语班级：开心学习、天天成长，一班因你而骄傲；

家长新学期寄语：成长就是日积月累，进步就是持之以恒，坚持梦想，做最好的自己；

家长需要老师配合的方面：给孩子提供英文阅读书目，允许孩子在完成作业情况下在校进行课外阅读。

（2018 年 9 月 15 日）

第三封信：要做一个有担当、有志向、有修养的学生

九月的脚步非常匆忙，孩子在紧张、兴奋中开始了初二的学习。作业多、科目多、压力大是突出感受。每周看到群里老师发布的成绩单，我的心里跟着七上八下。

在本次体育节中，默其参加了所有集体项目比赛和个人 400 米、800 米比赛。班级取得的良好成绩，印证了团结向上的团队力量，让孩子为身在集体之中感到骄傲和自豪。她 400 米、800 米都没有取得超过去年的成绩，有两方面原因：一是九月中旬以来一直处在咳嗽状态，秋季过敏影响了她的体能；二是进入初中后，没有坚持进行体育锻炼，体能状态不好。针对比赛中遇到的问题，建议孩子在学校充分利用体育课和体活课进行锻炼，但她以作业多、没时间为理由进行搪塞。成长道路上健康是第一位的，建议老师督促孩子每天进行长跑练习，既锻炼身体，也磨炼意志。

9 月份阶段性测试，默其表现不温不火。她最大的优点是不偏科，最大的缺点是没有优势学科，最大的问题是成绩不稳定。过去，我们一直认为她文科比较好，现在她自己比较喜欢理科。她还要在不断的学习中去发现自己，也希望她跟上大队伍，领跑优势科目。

针对默其性格表现出来的不足，假期和她进行了深入交流。默其对老师非常信任，有时会用孩子撒娇的样子和老师相处，难免出现越界或者不礼貌的样子。我告诉她在不同的系统里拥有不同的身份，对待不同人要随时切换身份。她似有所悟，对自己过去没大没小的撒娇任性表现十分后悔，也表示要做一个有担当、有志向、有修养的学生。希望老师原谅她的过去，关注她的当下，让美好的默其重新出现在大家面前。

谢谢老师！

（2018 年 10 月 5 日）

第四封信：在过程中学会总结经验

开学以来，默其的学习一直表现较好，这完全出乎我们的意料。其实，看着她起伏不定的各科成绩，我们的内心还是缺乏安全感，没有足够的理由认为她是成绩稳定的优秀学生。

交谈中，她也承认自己在学习中遇到的问题，认为自己的优势是学科均衡，不太偏科；缺点是韧劲不够，连考试都会受到情绪影响，数学不爱动脑筋、英语背单词很吃力、语文基础不是很扎实。初二学习比初一辛苦很多，真正的努力还在初三、高一，只有现在扎扎实实地学好，才能稳步向前，不惧前方。

本以为孩子的护照没有问题，周末找出来才发现过期半年了。周六带着孩子去办理护照，中间因为户口本问题出现小插曲。她亲历了过程，我们也共同总结经验：妈妈自以为是，不提前做好准备；出入境工作人员认真负责，发现了十年没人注意的问题；户口本、身份证、护照这些物品必须核对好、保存好，关键物品在关键时刻使用。

因为护照插曲，周末时间显得非常紧张。她没有用大块时间接触电脑、手机，也较早完成了作业。

（2018 年 10 月 20 日）

第五封信：学习是不断积累的过程

期中考试默其的成绩又给了我一个大大的惊喜。每次考试结束，她都觉得不够理想，原因之一就是该对的没有答对。这次也不例外，数学、物理都有非常简单的题目出错。分析原因，无外乎见到题目简单就自以为是，不认真审题，甚至题目都不看完就选择答案。有了这样的惨痛教训，她就更知道如何做一个认真仔细的学生了。

参加家长会，看到语文卷子的作文，很欣慰孩子行云流水般的文字，对她在考场上能构思如此完整的文章感到惊讶。好久没看她读课外书了，和她探讨作文内容，她说一部分来自《朗读者》，一部分结合了历史内容，再联系自己的经历，就形成了考场作文。听她一席话，还真得感谢语文王老师要求日常做好词汇积累，她才把《朗读者》中很多文字记在了心间。

学习是不断积累的过程，和一个团队、一个集体共同进步更能感受到向上的力量。近一段时间，孩子对集体工作特别投入，也愿意将每件事做得尽善尽美。这种担当和责任，正是督促她珍惜时间、提高效率的不竭动力。

家长会上，老师提到的各种问题，我们在日常交流中多有提及，目前看她还没有所谓的青春期问题。心绪平和地享受青春成长，脚踏实地地感知学习积淀，这是育外赋予孩子的简单的快乐。

这周作业比较多，孩子的手机和电子产品使用时间大约两小时，主要是看动漫、玩儿小游戏、和同学联系。

（2018 年 11 月 18 日）

第六封信：当好学生干部，可不是一件容易的事情

周五见到孩子的那一刻，总是幸福的。在返程的车上，她和同学一边吃着食物，一边兴奋地聊着各种各样的事情。其中一个话题是要不要竞选学生干部。他们都感觉到，做学生干部工作需

要花费很多时间，对于紧张的学习既是促进，也是压力。当好学生干部，可不是一件容易的事情。

我给他们讲了自己当学生干部的感受——要学会和人交往，学习管理团队。回到家，默其困惑的问题是，在传媒部安排下去的工作别人不完成，结果都要亲自干，最后老师还表扬了没干活儿的同学。我给她的建议是：作为传媒部部长，要对一周工作做好安排，和老师沟通每个人的工作分工后再部署下去；每周结束有个小总结，客观地向团队成员和负责老师汇报，让大家心中有数，也让老师可以督促其他同学积极参与。部长要学会担当，不能让工作落后；要学会调动，发现和发挥每个人的长处，让大家有动力去工作。不知她是否听懂，反正很认真地点了头。

准备竞选演讲和撰写节目主持语。在准备主持稿的过程中，她发现在学校已经写了一半的稿子没有拷回来，这个教训让她自己火冒三丈，怨不得别人了。

上周的感恩节，看到老师在群里发的照片，再看《心桥》上对这件事的反馈，真心感觉孩子们越来越懂事，越来越理解老师和家长了。孩子们能够心情愉悦地去学习，心怀感恩地去生活，心存梦想地去努力，是多么幸福的事情啊！

在此，我也要感谢老师们，尤其是我们敬爱的潘妈——谢谢你！

（2018 年 11 月 24 日）

第七封信：赛场如考场

这周我在外地出差，每天晚上继续和孩子通话，了解她在学校的生活、思想、表现。这一周，孩子的学习状态并不是很好，英语成绩让她很懊恼，数学又因为计算出错，但她相信这只是暂时的。

孩子在学校参加了自管会竞选、微马竞赛。前者不知道结果咋样，后者知道体能不如从前。九月底的运动会，已经充分暴露了运动少的后果——有心无力，力不从心。赛场如考场，没有平时的日积月累，就不会有关键时刻的一鸣惊人。希望她能够通过运动懂得这个道理，不做宅女。

周六晚上，她开始制作关于微马的推送文章，前后用时四个小时，直到凌晨才弄完。在这个过程中，我说："早点儿休息吧，差不多就行了。"她回应我说："你的态度不积极，做就要做好，今日事今日毕。"孩子有这样认真严谨的态度非常值得肯定，我静静地陪着她做到满意为止。

又要面临月考，孩子感觉压力很大。希望她保持好状态，取得好成绩。

（2018 年 12 月 2 日）

第四节 初二下

看到孩子的各种问题，光讲大道理是毫无效果的。

孩子的生活视野不断被打开，对很多问题开始有自己的看法。家里一贯保持着宽松的氛围，假期和周末会比较放松。在学校里保持紧张状态，小考成绩一般，大考成绩优秀。看到孩子的各种问题，讲道理毫无效果。只要她自己想好，这种内驱力足可以让她越来越优秀。

第一封信：虽然不喜欢开学，但我会诚心接受

盼望着开学，希望孩子早些回到学校，开始有规律地生活，有压力地学习。假期里，孩子的坏习惯一点点滋生，宅、游戏、吃零食，各种我们不喜欢不愿看的行为都在一一上演。和她沟通，似乎烦得很，心情好的时候会说："假期就让我享受一下自由的感觉吧！"

不管怎样，她还是服从学校安排，准时完成各科作业；有自己学习的主张，参加了数学、物理的学习班；完成了写作计划，新书稿三万余字。开学之前，我们做了一次长谈，她很淡然地对我说："在学校当然会全力以赴哇！虽然不喜欢开学，但我会诚心接受。"

假期里，孩子开始喜欢各种时尚物品，手办（一种收藏模型）、娃娃、Cosplay（角色扮演游戏）、鞋子，各种美好的东西都成了她想要的对象。为了延迟消费、激励进步，我们制订了新学期学

习奖励计划。每次大考取得第一名奖励 500 元，第二名奖励 300 元，第三名奖励 100 元。十名以后，每靠后一名扣 100 元。虽说金钱激励比较俗套，但希望通过这样的奖罚让其懂得奋斗和珍惜。

新的学期，对孩子的期望如下：一是保持良好精神状态，对学习充满热情，对活动积极参与，对他人友好真诚；二是保持良好学习习惯，上课认真听讲，复习、预习追求效率，学习像考试一样认真，考试像学习一样平常；三是养成运动锻炼好习惯，在学校能够每天运动一小时，周末在家培养一项体育技能，有好身体才有好未来；四是周末合理规划时间，除优质完成学校作业外，完成新一部作品的修改及配图工作，争取尽快出版。此外，还有每月精读一本图书，每周欣赏一部英文电影，减少游戏时间，感知世界多彩。

上学期，在老师提醒下，孩子在对待工作和与人交往方面有了很大进步。但对其来讲，还有很多不足之处。希望老师对她严格要求，多加鼓励。再次感谢老师对孩子的厚爱。

（2019 年 3 月 3 日）

第二封信：带着感恩之心和满满正能量拥抱青春

开学后的假期反馈，孩子的成绩表现一般，除了物理学科外，其他科目成绩都不够突出，这与假期贪玩儿有很大关系。老师所说的放假就放松，大概指的就是她吧。

针对老师反馈的孩子问题，周末我们做了简单交流。孩子觉得开学以来授课内容比较简单，上课确实存在不专注听课的问题，也表示以后还是要保持认真听课好习惯。建议她向好学生看齐，加深学术研究，追求更好，克服自身存在的弱点，不起骄傲心，踏踏实实做好该做的事情。

在孩子眼中，最大的学习障碍还是语言，英语、日语背单词对她来讲都是考验。考试是一种高效的学习模式，每次小测验前夕都是满格学习状态。我们制订了长期学习计划，每周在校学习期间，利用自习主动扩充单词量，回家以后检测单词完成数量和质量。

周末，我去参加了“做自己情绪的主人”学习班，收获特别大。回家后和孩子交流了相关学习心得。希望孩子能够觉察自己的情绪，学会积极沟通，带着感恩之心和满满正能量拥抱青春。

感谢老师及时反馈孩子的在校情况。希望孩子在您的教育和帮助下，在一班这个大家庭中会成长得更全面、更美好。

（2019 年 3 月 10 日）

第三封信：靠小聪明难以实现长远发展

孩子们的校园生活总是充满了乐趣和挑战。上周组织的学风建设表彰会，给每个孩子很大鼓舞；周五老师给孩子们讲升学及有关问题，“浓浓的鸡汤”让孩子们明确了方向。虽然，天天有测试，周周有排名，可孩子们已经习惯了这种严谨认真的学习态度和公平竞争的学习氛围，默其身在其中很是享受，在良好班风的带动和影响下，成长得非常顺利。

周末，我们在一起探讨了未来发展方向和近期学习规划。为了将来留学日本，进入理想的学校，现在要重点打好语言基础，让英语更进步、日语更扎实。应该说，学习语言是一项需要下苦功夫的事情，靠小聪明难以实现长远发展。针对日语单词、英语单词的背诵问题，除了多记、多背并没有什么捷径可走。道理很简单，坚持做到很难。

在班级里，孩子确定了几个竞争对象。她的选择标准是头脑聪明、扎实勤奋、成绩稳定，自己要和他们组队向前冲。这种学习氛围和自我认知能够激发孩子潜能，学习目标感更强。

新的一周，希望孩子能够自己“燃”起来，用勤奋弥补不足，让智慧落地生根。感谢潘老师对孩子们的关心和引导，希望她能成为您的骄傲。

祝工作顺利！快乐美好！

（2019 年 3 月 23 日）

第四封信：一切都充满了喜悦和力量

春天来了，育外的校园充满了花香和活力。孩子欣喜地告诉我，校园的樱花开了，在她的眼中，一切都充满了喜悦和力量。

每次考试结束，孩子都不够自信。分析原因，一是知道自己平时努力不够，二是清楚答题的对错。在不知道别人状态的情况下，难免患得患失。月考她虽然综合排名第一，但其自认为各科都存在漏洞，错了不该错的，没有按老师要求认真复习语文。一直以来，我都和她强调，考试是学习方法，也是知识积累的渠道，关键在于掌握方法、查缺补漏。尽管是所谓的第一名，但她自身还有很大提升空间。

寒假期间，她创作了一部新作品，稿子基本完成，本周开始绘制插画。我们希望她能够有自己的爱好，坚持创作和绘画，让这种能力成为未来生活的调味剂。她很喜欢做这件事，尽管中间会有情绪波动，但总是能够很快调整到正常状态。希望她的新作品早日完美呈现。

下一阶段，孩子的学习目标主要是保持稳定、夯实基础，踏踏实实打好语言基础关，助力未来顺利成长。

感谢老师对孩子的鼓励和帮助。

春安！

（2019 年 4 月 14 日）

第五封信：对待小考要像大考一样认真

上周学校组织了队列广播操比赛，看着孩子们整齐的队伍、昂扬的状态，既为孩子们的成长感到骄傲，也深深感谢陪伴孩子成长的老师们。

周四去校园看了樱花，虽然新叶已经掩盖了花朵，但置身在都是青春少年的校园，还是感觉到蓬勃向上的力量。每天和孩子们在一起，想必老师也是幸福的。

上周默其的各科成绩都遭遇了“滑铁卢”，据她自己说脑子进水、生锈了。我不感到奇怪，也没有惊讶，更没有指责。我很关注她面对成绩下滑时的态度和做法。孩子感到压力和自责，说周考失利和态度无关，完全就是意外。我提醒她，对待小考要像大考一样认真，提高准确率不是在考场上，而是在日常训练中。

孩子自己反映，最近英语的口语遇到问题，满肚子的单词说不出来，张不开嘴，想找一个口语训练班。目前，孩子周末的时间已经很紧张。我和她商量，尽快画完插画，然后再合理安排各科学习。认识到差距，这本身就是好事。

感谢老师对孩子的鼓励和帮助。

春安！

（2019 年 4 月 21 日）

第六封信：面对一个性情偶然反常的孩子时

五月过半，学期过半，时间就这样悄无声息地过去。大人感叹时光匆匆，唯一可见的是孩子成长的痕迹。如您所说，青春期的症结，是成长的孩子和不成长的父母之间的矛盾，再用看小孩子的眼光和对待小孩子的方法和他们相处，碰壁是一定的。

很幸运，我早早认识到这个问题，自己一直在进行家庭教育内容的学习，所以在面对一个性情偶然反常的孩子时，才不至于被气得气不打一处来，陷入亲子关系的僵局。这周末是一次生动的考验。她莫名其妙地表示周末不想回学校上自习，我一说话她就表示强烈反对，甚至将门反锁。我只好到楼下散步，并且发微信和她说：“妈妈尊重你的决定，但需要你对决定负责，自己去和老师请假说明原因。”冲突并没有加剧，我庆幸自己顺利过关。

期中考试时，默其回到了优秀模式。对她而言，即使是第一名，但各科还有很多遗憾。她表示会继续努力，争取在下一次考试中，语文、日语都能拿到进步奖。我相信孩子通过考试发现问题、总结经验、获得自信，会和更好的自己相遇。

家长会上，您语重心长的话语让我受益良多。在孩子成长的道路上，我们不仅要关注成绩，更要培养一个正能量的孩子，要让她懂得做人的道理、掌握生存的本领、学会与人交往。这些，都是未来很重要的功课。

我们相信育外，更相信像您这样认真负责的好老师。

感恩遇见您！

（2019 年 5 月 17 日）

第七封信：一定要学会用心沟通

认真读这期《心桥》，发现内容真的太丰富。

伽利略的故事启发孩子们要具有探索精神，更要学会沟通。而在沟通方面，默其恰恰存在着短板。她说话声音小，又不长于沟通，做过的事情就做了，做错的事情不申辩，以致给人留下“无所谓”“爱咋咋地”的印象。比如上周，她因为身体原因中午回宿舍休息，耽误了班级的一项工作。在老师批评提醒时，她不做任何解释，自己说“认真听就是了”。对于这样的做法，我反复和她讲，一定要学会用心沟通，在讲清楚事实后争取他人的理解和支持。

如《心桥》中讲到的“华为芯片事件”一样，孩子问我们中美贸易战及华为的一些事情，自己也查找了一些相关资料。感谢老师将天下大事及时告知孩子，用积极向上的正能量引导孩子看待世界。“华为芯片事件”是中国人有准备的胜利，每个孩子都应该在人生道路上做一个有准备的、从容的行者。

学习方面，这周孩子总体表现还好。忽上忽下的成绩像心电图一样刺激，我开玩笑说她的学习动力非常强劲。她的弱点在于背诵，尤其是英语、日语的基本功，存在很大隐患。她日语单词反复不过关给老师和同学带来麻烦，我也要求她在这方面多投入时间和精力，不拖集体后腿，不影响个人成长。

今天是六一国际儿童节。感谢老师用心教育孩子，也祝老师永远年轻快乐。

（2019 年 6 月 1 日）

第八封信：品德是一个人安身立命的根本

育外的生活紧张而快乐，孩子期中考试的压力还没有缓释，就要迎接月考。上周，学校的外文歌曲大赛、特色体育课程，为孩子们紧张的学习生活增添了无穷乐趣。和其他学校孩子相比，育外的孩子真的太幸福，可以按时作息，体育和艺术课程保证数量，课外活动丰富多样。孩子在愉悦平和的氛围中成长，身心都非常健康。

上周默其的成绩还算正常。不过，英语、日语的基本功依然需要加强，她也逐渐认识到问题，在解决问题的道路上寻找办法。学语言没有捷径可走，时间是提高成绩的重要方法。希望默其能够多下功夫，缩小语言学习和其他人的差距。

上周，默其丢了两样东西，一个是喜爱的凌美钢笔，一个是尚未使用的 MP3。她说，钢笔课间放在桌子上就不见了，班级里也有其他人丢过钢笔；MP3 是借给参加歌曲大赛的同学，同学又转借给其他人，最后确定由一个人弄丢，对方只说了一句“对不起”。在我看来，丢了东西是提醒自己管理好物品，但对于拿了别人东西或弄丢别人东西的人，他们需要提升的东西更多。品德是一个人安身立命的根本，没有良好的品德修养，掌握多少知识都不值得尊重。

孩子成长的道路上总会遇到很多问题，尤其是住校生活开启后，默其在各方面都得到了锻炼和提高。希望她能够在经历中汲取经验、学会沟通、懂得理解，认真感受成长的快乐。

最后，祝老师端午安康！

（2019 年 6 月 8 日）

第九封信：练就宠辱不惊、临场不乱的心态

又是一轮月考结束，孩子成绩保持稳定的同时，在考试中出现了大的失误：政治考试答案写错地方；题目要求选择正确选项，她写到答题卡上的却是错误选项。

我和她分析出现失误的原因，一是卷子题量较大，急于答完卷子，导致忙中出错；二是考场上出现了注意力不集中的情况，全天考试下来精力有些跟不上。

针对这样的失误，我希望她从几个方面去看问题。

首先，出现失误是好事，在小考中遇到大问题，才能避免在大考中出现小失误。以后对待任何考试，都不应该出现答错地方这样的低级错误。掌握考试要求、考试时间，按要求答题，这是最基本的问题，一旦出错，结果就是致命的。

其次，考试不仅考智力，更是考体力、考心力。很多人在面对重大考试时会出现睡不着觉、精力不集中、身体不舒服等应激反应。强烈的应激反应直接影响正常水平发挥，所以学生要永远用认真的态度对待每一次考试，把每一次考试都当成人生中的大事去对待，练就宠辱不惊、临场不乱的心态。平时要加强体育锻炼，良好的身体素质才能保证始终精力充沛。

这学期所剩时间有限，小中考、大期末会让孩子们感到时间非常紧张。周末，她还在练习唱歌、配制插画，又开始学习摄影，我希望她能够通过周末的放松缓解紧张情绪，然后精神饱满地去对待五天的住校生活，心无旁骛地投入到学习之中。

希望她不骄不躁，继续加油，为初二生活画上圆满句号。

感谢老师对孩子的鼓励和引导。

（2019 年 6 月 22 日）

第五节

初三上

树立目标，找到方法，提高效率，不做无用功，不做无聊事。

孩子的成绩越来越稳定，一直头疼的英语和日语也有了很大进步。她在业余时间坚持写作、画画，没有中考的压力，却有团队竞争的紧张。我们对她学业的关注度下降，更多的是让她树立目标，找到方法，提高效率，不做无用功，不做无聊事。在有规律的生活中，和老师的书信联系减少，相信孩子已经能够独立处理好很多事情。

第一封信：一切都是美好的，每天都是崭新的

短暂的暑假过后，孩子以饱满的热情开始了新的初三生活。站在新的开端，孩子适应了新班级、新宿舍、新老师，在她眼里，一切都是美好的，每天都是崭新的。

这个暑假，孩子除了完成学校作业，做的最多的事情就是画画。我们尽量满足她对画画的热爱和痴迷，也希望她能在画画的过程中寻找到真正的兴趣，懂得坚持和努力的意义。周末，她画了六幅小画，作为教师节送给老师们的礼物。虽然画作不精，但她心中有老师、用心表达情义的做法，让我们看到她的成长和纯真。在此，预祝老师教师节快乐，也真心感谢老师对默其的教育和包容。

新的起点，我很想和她探讨目标和理想。可她给我的答案非

常简单：成绩好一点儿，不要掉下来；尝试超越，努力触碰自己的天花板。

作为妈妈，我很少强加给她所谓的理想，而是一直鼓励她自己去寻找和发现。即使到了初三，我也依然希望她能够通过努力不断增强自信心，通过实践不断找到兴趣点，通过学习懂得世界的精彩，当然也通过挫折理解生活的复杂。对于年度目标，我想提出几个刚性要求：一是成绩稳定在班级前五，英语和日语要有所突破；二是第三本小说《梦见兔子》出版，新的小说创作完成；三是认真读一本英文原著，读五本有价值的中文图书；四是周末坚持去画画，在素描、色彩的基本功方面多有提升；五是加强体育锻炼，养成良好饮食习惯，努力长高一点点。

一直以来，默其的综合成绩比较好，但她没有特别明显的优势学科，尤其是英语和日语，在实际能力方面还有很大提升空间。两门语言的学习是这学期的主攻方向，如果有机会，希望她能够参加一些比赛。

默其语言表达能力比较弱，对待事情总是不温不火。希望老师给她加担子，让她多承担一些班级和年部工作，锻炼人际交往和语言表达能力，做一个有担当、阳光向上的好少年。

再次感谢老师。

（2019 年 9 月 8 日）

第二封信：成功没有无缘无故，学习更要脚踏实地

虽然没有了过去开学时的牵肠挂肚，但看到数学成绩的一瞬间还是百感交集。她的成绩像一颗剧烈跳动的心脏所呈现出来的心电图，不稳定、无节奏。

和她好好聊了聊对待学习的态度：不能投机取巧，更不能心存侥幸。成功没有无缘无故，学习更要脚踏实地。每每看到她漫不经心的样子，听到她“成绩好是幸运”的话语，我真的不知道她的理想、目标在哪里。她最近痴迷画画，喜欢日漫，在画画和看手机上消耗的时间几乎占到了假期的一半，甚至更多。为此，我有很多担心，但从另一个角度，也在看她对待美术的态度，以及对未来专业的选择。

阅读《心桥》，感受到一个集体的蓬勃力量。每个孩子都在腾飞，每个生命都在努力，身在这样的集体中，孩子是幸运且幸福的。默其很喜欢自己的班级，也愿意为班级多做一些事，努力成为班级中的优秀一分子。明显感觉到，新班级的竞争更加激烈。默其需要尽快调整自己的状态，更加积极主动地学习，实现自我提升和全面进步。希望她会成长得更好。

感谢潘老师为默其赋能。

（2019 年 9 月 14 日）

第三封信：排名不错，但实际上退步很多

第一次月考结束，默其出乎意料地排在前面。开学以来，她一直不在学习状态，假期和周末，她在画画、动漫、游戏等方面花费很多时间，有时甚至应付学校的作业。对此，我也在找机会和她沟通，但效果并不是很明显。本以后月考后收缴手机、电脑，结果出了校门就在讲条件了。

我和她分析了本次月考。看起来排名不错，但实际上退步很多。一是优势学科减少，除了物理排在前面外，其他科目排名都有下降。二是英语学科基础一般，尤其是听力，到了必须认真对待的时候，没有充足的练习，听力难关不好突破。三是日语学科差距在缩短，但还没有接近目标，背单词是一项基本功。四是数学成绩不稳定，涉及计算就“露馅儿”，在没有补课的情况下要多动脑、多练习。五是化学是新接触学科，紧跟学校步伐，掌握学习化学的方法。目前她在学习上的突出问题是：不勤奋、不较真、不扎实。自己确定的计划是：高质量完成学校作业，每周做两个优质听力练习，英语、日语单词要加强积累。

周五晚上您和孩子们的分享非常给力。一直以来，我们很庆幸选择了育才外国语学校，老师想得比家长多，做得比家长好，给孩子提供了非常广阔的成长空间。十一期间，默其给五十多个

家长和孩子做了一期演讲。看着她气定神闲、有条不紊地拿着话筒，我感动得流下眼泪，也见证了老师苦心培养的成果。虽然对老师说过无数次谢谢，但在这里，我还是需要说声谢谢，感恩老师们的无私付出、大爱大智。

进入初三，孩子们虽然没有中考的压力，但学业负担也非常重。选择育外时，是希望她在青春年少时多学有用知识，练就健康体魄。现在，她的初三目标是英语、日语达到预期标准，各科学习能够突破自我，追求卓越。

遇到好的学校、好的老师、好的团队，孩子更需要好的家长来托举。作为家长，我们会积极配合学校和老师，助力孩子勇攀高峰。

（2019 年 10 月 13 日）

第四封信：和自己比，不和别人比

和自己比，不和别人比。周末，和她重点就这个话题进行交流。开学以来，我们一直认为她没有回到学习的最佳状态，自己也承认经常会出现不该出现的错误，很多东西稍加练习完全可以更好。所以，我们希望她不要看排名，而要看各科是否通过努力，能够稳定地发挥。

周五的学习规划指导会上，听了几位老师的介绍，还是很有感受。过去，我经常给孩子一种走捷径的想法，告诉她去日本留学轻松。现在我知道，每一条路都需要全力以赴。现在的孩子普遍学习成绩好，自己不去努力，很可能在关键时刻经不起考验。

其实，在未来学业道路选择方面，我们还有很多犹豫，始终在考虑如何权衡爱好和专业的关系。因为获取渠道有限，对日本名牌大学的专业设置不太了解，而对于孩子适合学哪些专业学习更是一无所知。所以，在接下来的日子里，家长还要多渠道获取信息，做出科学理性的选择。

感谢育外和育外的老师们！

（2019年10月26日）

第五封信：不努力就是退步

这一周，默其终于遭遇了滑铁卢，各科成绩都达到了历史最低点。开学以来，她在我眼中就是这样的成绩，前面的表现多少带有意外的色彩。

潜意识回应了现实。但在意识深处，我更相信她低下头来认真学习，很快会提升学习成绩。所以，我希望她能够明白：不努力就是退步；别人都在奔跑，看风景的最终只能成为风景。

这个周末，她停止了熬夜行为，没有花费大量时间画画、看动漫，好像又恢复了正常的学习状态。对这次期中考试，希望她能够稳扎稳打，不出现大的纰漏。不会的，赶紧想办法；落后的，赶紧追上来。

学校安排了家长和孩子的学业指导。从家长角度看，我们支持孩子的选择；但从孩子角度看，她认为国内和日本都可以接受。这段时间，我们在不影响学校正常学习情况下，会慎重考虑她的未来规划。

感谢老师对默其的关心和关爱。

（2019 年 11 月 3 日）

第六封信：重要的是有信念和行动

这段时间，孩子的状态不是很好。11 月 17 日晚闹了小情绪，这两周成绩也不是很稳定。我想主要有以下几个原因。

一是学习压力大。初三课程难度不低，但她数学、化学没有补课，完全都靠学校学习，对新知识有一个消化吸收过程，出现成绩起伏对内心会造成一定影响。

二是心理压力大。自己说一直顶着学霸光环，又深知努力不够，所以对成绩患得患失，甚至会出现逃避情绪。

三是晚自习没有充分利用。11 月 18 日至 23 日，这一周有十节晚自习去做海报，相关学科的复习和作业完成得不到充分保证。

四是周末时间利用不充分。总想在周末多做一些自己喜欢的事情，不能安心投入到学习中来。

针对这些原因，我和孩子做了沟通。

首先，我相信她是一个积极向上的学生，允许她有情绪变化，对她的心理状态进行了疏导，帮她做到接纳情绪，放下学霸光环，以自我成长为目标。

其次，支持她树立自信，发挥学习效率高的优势，自觉克服眼前的学习困难，主动加大学习量，尽快实现理科成绩的全面复苏。

再次，协调好工作和学习关系，既要支持班级工作，也要做好自管会工作，更要做学习表率。这一切都来源于对时间的统筹和高效利用，不能服务他人的学生也不会有学习质量。

最后，合理规划周末时间，自觉在这个周末少看手机，不玩儿游戏，对各学科查缺补漏，补上学习的短板。

人生总会遇到各种问题，眼前的不足是成长道路上的动力。

一个有方法的孩子，不仅仅是有目标和口号，更重要的是有信念和行动，希望默其充满信心地走进 12 月，为 2019 年留下踏实的奋斗，为 2020 年吹响成功的号角。

感谢潘老师对孩子的鼓励，感谢各位老师对孩子的教导和支持。

（2019 年 11 月 30 日）

第六节

初三下

看似完美的结果，也曾经历了许多波折。是学校和家庭的完美配合，孩子才有了不断成长的空间。

已经是初中的收尾学期。因为疫情，全员线上授课，给老师的反馈信因此中断。

默其所在的学校是中学六年制，她无需参加中考。学校在教学安排上开始衔接高中课程，也加大了英语、日语的学习力度。

家里一直是比较宽松的学习氛围，网课无人看管，她浑水摸鱼，几次线上月考成绩是直线下滑。但返校后第一次统一考试，她再次冲进年级前三。在家里考试时出现的计算不准、丢题落题等低水平错误，在回到学校后奇迹般消失。

疫情居家期间，她在学习之余创作了一些文字和绘画作品。能够有这份闲心，完全得益于没有中考的沉重压力。她按照自己的时间节奏，有条不紊地做喜欢的事情。她说自己是高效率的快乐小孩儿。

看到她开心的模样，我们可以对当初的选择说声“不后悔”。三年里，她的学业水平稳步提升，在蹦一蹦的挑战式学习中收获了很多自信。她积极参与学校传媒部活动，学校公众号因为她的编辑提升到很高水平。默其不仅学业突出，在初中创作出版了《小兽》《梦见兔子》两本小说。我们对出版作品没有太多营销宣传，目的在于为孩子营造一个安心成长的环境，不搞特殊化，一切都是正常的。

默其的初中生活非常完美。看似完美的结果，也曾经历了许多波折。是学校和家庭的完美配合，孩子才有了不断成长的空间。在老师和家长的沟通中，我选择以书信方式进行，相信这些信件的内容对于初中生家长会有很多启发。

在家庭教育中，家长至少要做到什么？

有三点最重要：一是给孩子足够的爱和尊重，二是要有科学的方法和进程，三是要有更多的贴心陪伴。

后　记

后记（一）

写在收到面试邀请那一天

2021 年 11 月 25 日零点 26 分，默其兴奋地摇起进入梦乡的我，开心地叫着：“妈妈，我接到牛津大学面试邀请了！”我在床上翻个身，还想继续睡觉，可又忽地坐起来，一脸狐疑地问：“真的还是假的，看清楚了吗？”

默其吓了一跳，对着邮件静静地看了一分钟，立刻跳起来说：“真的，真的是面试邀请。”我俩拥抱在一起，感恩这份郑重的面试邀请。

兴奋了好一阵，默其躺下就睡着了。从未失眠过的我难以入睡，各种想法纷至沓来。其中最强烈的感觉是意外。高中选择在 PEA 国际寒暑期学校（简称“PEA”）学习 A-Level 课程体系，理想目标是香港大学。在学习期间，默其对英国大学有了深入了解，并对帝国理工学院的设计工程专业产生兴趣。抱着顺其自然的态度申报英国五所大学，牛津大学位列其中。申报之后了解到，牛津大学工程专业录取需要参加 PAT 考试，这是一个考察数学、物理学科水平的有难度“加试”。学校给报考同学提供了集中培训，默其在培训中感到有些慌乱。考试前夕，PAT 北京考场所在朝阳区出现疫情病例，我因为工作原因无法陪同，默其有了人生第一次独自远行，参加完考试就返回沈阳居家隔离了。

一直以来，默其觉得牛津大学遥不可及。主要原因还是在 PEA 学习期间，她十分轻松地在一年里拿到数学、进阶数学、物理、化学全部 A^+ 的优异成绩。我曾一度怀疑这种“速成”是否能考上大学，尤其是在英国大学申请人数再创新高的年份里，上牛津大学更是痴人说梦。当一份真实的面试邀请摆在面前时，我看清了事实：默其的 A-Level 成绩非常突出，PAT 考试非常顺畅。她毫不费力地拿到这些成绩，不代表所有人都可以轻松获得。

辗转反侧间，我认为在接到邀请之前，自己存在几个误区。

一是获取信息不全面。作为家长，不了解 A-Level 全球学习人数、成绩分布等基本信息，对孩子所处位置缺乏客观评估和直观印象；受申报人数激增、录取难度加大、学术活动较少等负面信息干扰，时常陷入庸人自扰状态。

二是用学习时长预估结果。默其高中学习自由轻松，每天早九点上学，晚五点放学的日子不多，多数时间是一天只上三节课，晚上专注学习两个小时。她的生活中，画画、打游戏、看微博是家常便饭。用备战国内高考的眼光看这种自由的学习状态，会忽略太多客观真实。

三是自我认知偏差。默其用一年时间完成高中学习课程，我们只看到了时间长度，而忽视了学习密度、学习质量、学习效果；只想到备考 PAT 时间短，没看到默其每天沉浸在其中的时间很长。成绩不会说谎，最起码在接到面试之前，成绩还是起到了决定因素。

天马行空地梳理认知误区后，看一眼手机，已经是凌晨三点。我清楚地认识到：面试邀请不代表正式录取，最关键的面试将决定成败。于是，我用自己有限的认知，开启搜索关于牛津大学面试的各类信息。其实，这些搜索只是家长的自我安慰，因为学校已经开始为他们的面试做辅导准备了。

李丹歌

2021 年 12 月 24 日

后记（二）

写在收到录取通知那一天

2021 年 12 月 13 日，牛津大学的赫特福德学院（Hertford College，Oxford）和玛格丽特夫人学堂（Lady Margaret Hall，Oxford）的教授会在晚上七点零五分和八点整，通过网络对默其进行面试。我们提前做好了准备，但第一场面试时网络信号莫名地卡顿，第二场面试时一切顺畅，孩子感觉也非常好。面试结束，默其回老家去看心心念念的猫。

2022 年 1 月 11 日是牛津大学放榜日。在近一个月等待的时间里，默其白天到美术学校去画画，我在业余时间集中进行书稿写作，尽量用忙碌冲淡等待的焦灼。11 日那天，孩子默默画了一天，平时看她满不在乎，实际上也是满心期待。下午四点，全国各地陆续有人接到录取通知。默其静静地守着邮箱，傍晚五点二十五分，邮箱终于亮了。我拿起相机，打开视频，准备好记录孩子面对结果一刻的表情。录取固然可贵，被拒也是虽败犹荣。值得祝贺的是，默其被牛津大学工程专业录取，玛格丽特夫人学堂选择了她。我们不敢相信，但又愿意相信，又蹦又跳地享受着尘埃落定的欣喜。

默其是一个幸运儿，学习路上的每一次选择都使学习能力上获得一次攀升。她没有幼升小准备，大量阅读让她轻松适应小学生活；小升初裸考参加，在成绩落后情况下很快实现超越；高中课程起步不早，在同届孩子中是学得最快的一个。默其学习看起来轻松，这与她深厚的阅读功底、良好的学习习惯、平和的心理状态密不可分。她学习高效，真正做到了学习像考试一样认真，考试像学习一样轻松。

默其是一个会玩儿的孩子。她喜欢各种体育运动，热爱一草一木，无比喜爱小动物，在宽松自在的家庭氛围中成长。进入初中后，她突然安静下来，由在家待不住的淘丫头变成了宅女，把写作和绘画当成了高级放松，在网上开辟了画画业务。默其在他人欣赏和认可之中获得成长动力，把紧张有序的生活过得有滋有味。她活在了当下，活出了自我。

10月，默其就要开启留学生活。我不知道面对她远行时是否会情绪失控，但我知道，我要祝福和相信她，既然能够被录取，就能够读下来，创造更加精彩的未来。

大学申请季提前落幕，我的这本小书可以画上句号了。一路走来，我和默其彼此成全，相互影响。我一直在努力学习，就是要跟得上孩子的成长，配得上孩子的优秀，让孩子毫无牵绊地勇闯天涯。

希望每个父母都能和孩子一起成长。如果愿意，我们一起同行。

感恩相遇。

李丹歌

2022 年 1 月 16 日

后记（三）

且陶陶乐尽天真

我们一家辛丑逢吉，年底又有意外之喜——年方 16 的女儿默其竟然被牛津大学录取了。高中才读了一年多，本硕连读仅四年，在千军万马高考大军中，她是何其幸运！当我发出金榜题名海报时，热泪自然扑簌簌流了下来——因为女儿的幸运，因为女儿的长大，也因为女儿的远行。

其实入青并不是一个合格的父亲，我经常讲，这一切都归功于妈妈的培养和女儿的自立。入青这些年一直为天下的孩子付出，又是集训营，又是线上课，大中小学和幼儿园来回奔波。除了刚上小学教过默其两年国学和书法外，她的学习我真的没咋顾上。《论语》中讲“君子远其子也”，孟子认为君子最高之乐是“得天下英才而教育之”，而北朝《颜氏家训》中也讲“盖君子之不亲教其子也”，算是让圣贤给自己找了个托辞吧。

默其的成长一直是由妈妈陪伴的，就像这本书的副标题所说的一样——妈妈做对了什么。做对了什么呢？从我的视角来看，有三点最重要：一是给孩子足够的爱和尊重，二是要有科学的方法和进程，三是要有更多的贴心陪伴。爱是孩子原动力之本，陪伴则是最长情的告白。至于方法，孔子说要“因材施教”“循循然善诱人”，杜甫诗云：“好雨知时节，当春乃发生。随风潜入夜，润物细无声。”教育的过程，是准备，是等待，是适时。“凡事豫则立，不豫则废”，这是准备；“静待花开，蝴蝶自来”，这是等待；“好雨知时节”“润物细无声”，这是适时。在这三方面，默其妈妈做得都很好，所以才有女儿的今天。好妈妈胜过好老师，教学相长是每一个家长的必修课。伴随着女儿的成长，默其妈妈在家庭教育方面有了更深入的体悟，如鱼饮水，冷暖自知。“幼吾幼，以及人之幼”，为了让更多孩子受益，也希望更多的家长们从正反两方面认知儿童教育规律，才有了这部真实而有用的教子有方案例书。

如果说这是一种有为教育的话，还要注意一种无为的教育。正如老子所说：“不言之教，无为之益，天下希及之。”默其确实是一个有慧根的孩子。最大限度地保护孩子的天性，是每一个家长需要面对的。在这方面，入青也不是一点儿贡献都没有。犹记得默其两岁之内，每一天我都给她留有照片和视频，完整记录了她的每一天。两岁以后，春天带她到大自然中戴着“野花帽”奔跑，秋天带她到树丛中捡拾多彩的“叶宝贝”，寒暑假带她到各地旅游观光……“子非鱼，安知鱼之乐”，当孩子沉浸在大自然的美好之中时，她如何不热爱美好的人生呢！

默其从小爱画画，两岁半开始涂鸦，三岁半我们就给她送到了画班。入青保留了她画的每一张画，并制作了一本又一本的画集，欣喜她用画笔记录了她成长的点点滴滴。画集的名字有《花开四季》《花花世界》《王小猫画集》等，花花、王小猫都是她当年给自己起的乳名呢。从线描到水彩，从素描到水粉，从国画到写生，她的画集占据了家里满满的几大箱子。初二的时候，她在东北育才外国语学校举办了一个小型画展——“静待花开”。她的几本小说里的插图，都是亲自画的，个中的寓意和亲切，是发自心灵深处的热爱。如今她已经开始用电脑作画，学业之余，也算一种最奢侈的游刃有余了。

默其四岁的时候，我和她妈妈带着她“说作文”——她一边说，我们一边打字，竟然一口气完成了《小岛海》等系列文字。当时没有录音转文字功能，要不然坚持下来，应该是非常宝贵的财富，也是一种极佳的语言训练方法。四年级的时候，她偷偷写了第一本童话小说《我家窗外的那只鸟》，也就是后来六年级出版的《小鸟蓝迪》。还记得当时在辽宁省实验学校读书，她亲自把书稿送给了到校做讲座的著名儿童文学作家曹文轩先生。初一的时候，她又写完了第二本小说《小兽》，创造了一体两命而无名字的动物“小兽”的形象，并讲述了动物之间爱的接力故事。初二时完成了第三部小说《梦见兔子》，通过曲折离奇的情节隐喻了人内心要保留一份纯真。初三正是新冠病毒肆虐的时候，因为没有中考，所以她居家写完了第四部小说《志怪园》，依然把爱和纯真作为故事主线。几部小说中，每一个主人公的背后，不正是她自己内心成长的影子吗？

如今默其长大了，当她接到牛津大学录取通知之后，又开始了第五本小说自写自画的创作过程。她喜欢物理科学和经世致用，所以选择的是工程专业，但绘画和写作一定可以伴随她的一生。默其一直很自立，第一次离开家面临新的挑战，我们坚信像她过往的学习历程一样，她依然会做得很好。苏东坡是入青一家最喜欢的文人，他的那首《行香子》中的一段话，适合作为我们对默其远足求学最美的祝愿：“且陶陶、乐尽天真。几时归去，作个闲人。对一张琴、一壶酒、一溪云。”

入　青

2022 年 3 月 21 日

后记（四）

祝贺妈妈新书出版

高中选择学习 A-Level 课程后，妈妈和我都承受了很大压力。在提交完入学申请材料后，妈妈为了分散注意力，和我说想整理出版一本家庭教育类图书。妈妈曾经出版过《图书审读例说》这样的专业书籍，这次的跨度简直太大。但我相信妈妈的实力，她在业余时间学习心理学和家庭教育方面的内容，经常和我探讨专业问题。在牛津大学录取前夕，妈妈将书稿交到我手里时，我还是惊讶于妈妈的速度。在阅读这本记录我和妈妈成长故事的小书时，我读到了很多往事，心弦震颤处是无尽的感恩与爱。

从牙牙学语蹒跚学步，到求知求学辩明事理，在成长每个阶段，我都得到父母的理解尊重和正确引导。在进行高中学习方式的选择时，妈妈对我说："你已经 15 岁，拥有决定自己人生的权利。我们会尊重你的选择，尽最大努力支持你。当然你也要为选择负责。"生活中，父母始终是我的坚强后盾，无条件地允许我去做各种事情，也很有分寸地告诉我在实践后总结，避免"重复犯错"。

我在六年级出版了第一本小说，到目前为止已经有四部作品了。在写作、画画过程中，妈妈一直给我陪伴和鼓励。记得小时候，我无论走到哪里，妈妈都会随身携带图书，随时和我一起阅读；妈妈给我讲很多编辑出版的故事，“诱骗”我进行各种创作；妈妈带我尝试各种材质和手法的绘画，避免机械训练透支了想象空间；妈妈带我旅行游玩，徒步黄山、黄龙、张家界的挑战，让我对自己和世界有了真正的觉察。我的作品出版离不开妈妈的鼓励和支持，作品中也充满了妈妈的影子。虽然我在作品中会吐槽她“偷听”“控制”，但我知道，我非常爱她。

妈妈对我的影响非常大。她像保护伞，为我的生活保驾护航；像导航仪，不断引领我在各方向突破；像智多星，教我面对问题总会冷静思考。妈妈和我说话时，很少废话和唠叨。和妈妈在一起，我受益于思维模式的提升，懂得思考先于行动，在分析问题后再采取行动，在全面构思后再动手写作；我善于科学管理时间，利用通勤或者睡前等碎片时间进行回顾、计划，学习非常轻松，一切尽在掌握中；我学会了情绪管理，乐观地面对生活，脚踏实地去做好当下的事情。妈妈从来没有把我当成小孩子，她总是相信我会照顾好自己。因为妈妈的陪伴与相信，我比其他孩子有“抢跑”的逻辑学和社会学的启蒙，大量阅读对智商与情商起到了显著的提高作用。

我愿意去思考与尝试新的事物，也得益于爸爸潜移默化的影响。爸爸酷爱摄影、热爱生活，餐桌上的一盘毛豆，可以拍出大自然的奥妙；爸爸善于钻研，对于汉字结构的表达精确到极致；爸爸乐于开拓，在大学里教授不同专业十几门的课程。爸爸把对生活的热爱传递给我，我的作品中充满了天真的想象；我在学习中接受能力很强，往往可以轻松地找到解题的突破口。

家长与孩子的关系永远是双向的。父母为孩子的成长感到欣慰，孩子也会因为父母的成就感到自豪。我很幸运，拥有一个学习氛围浓厚的家庭。夜幕降临，一家人吃过晚饭，我们回到各自房间，爸爸陶醉在专业领域，妈妈阅读心理学书籍，我安静地画画或者阅读。我们各自享受着求知的快乐，这是我成长的沃土、成功的力量。

我很幸运，遇到了世上最好的爸爸、妈妈，享受了当地最好的教育资源。借助妈妈出版图书的机会，我除了郑重表达对父母的感恩之外，也要感谢亲友、老师对我的关爱。当然，我也希望读到这本书的家长，在给到孩子生活呵护的同时，能够给孩子自由和尊重。希望读到我的作品的小读者能够爱阅读、爱写作、爱生活、爱一切。我会在下一部作品中等你们。

王默其

2022 年 3 月 21 日

做得对的妈妈，长得好的娃娃
女儿王默其从小自写自画作品

内容简介

书中的主人公叫洛瑶，她有一个兔子玩偶叫阿月，故事就发生在洛瑶和阿月之间……四岁那年，洛瑶第一次梦到了阿月。阿月不再是那个普通的兔子玩偶，它拉着洛瑶的手，像朋友一样说着话。为了听到玉兔的故事，洛瑶许下了保守秘密十年的承诺。或许这就是一个梦吧，越长大越忙碌，洛瑶早已知道玉兔只是个传说，也和自己的儿时伙伴好久没有联系。她自己也不知道为什么，竟然一直没有将这个梦对别人说起。直到阿月再次出现在她梦里……

内容简介

初中毕业后，故事的主人公九执收到了唯一的一封录取通知书——志怪园录取通知书。到志怪园上学后，九执发现这里的老师和同学竟然都是妖怪，有珠妖、桃花、字妖、栏妖、蛙妖、雪妖……在与这些妖怪的相处中，九执从一个不会沟通、不会表达的小孩儿，不断地成熟起来，获得了友谊，得到了成长。

家庭是孩子成长的终身学校，父母是孩子的终身老师。

家庭中，不应只强调孩子的学习，更应该注重共同提高。

入青一家是学习典范，三口人都有各自著作出版，这在中国家庭中非常少见。

为帮助更多家庭提升文化素养，共建学习环境，入青家学堂微信公众号提供大量学习资源，通过录播课、直播课、打卡等多种方式，倡导极限口诀和无限记忆等科学方法，引导父母和孩子共同学习，在持之以恒中建立良好学习品质。

入青家学堂
照亮千万家

本书音频课